幸福
文化

人生沒有理所當然

沒有「**應該要**」，只有「**你想要**」！
練就跳脫框架、突破自我設限的
全方位思考方式

歐陽立中◎著

目錄／

PART 1

用最低的消耗達到最大的成長

PART 2

從容又不委屈的處世技巧

PART 3

翻轉人生的成功祕訣

【各界高手 同聲推薦】

這本書是最佳的夢想實踐指南，當你摸不清楚方向時，讓歐陽老師指引你走到對的路！

——作家／閱讀推廣者 Lijune．綠君麻麻

不聽老生常談，打破框架定律，這本書讓你突破既有規則，找到屬於自己的長青之道。

——南山中學國文科教師 羊咩老師

「勇氣」與「自律」長期是我對歐陽的認知，這本好書更加確立我的想法。

——NU PASTA 總經理、職場作家 吳家德

唯有歐陽可以帶你超越歐陽，唯有立中可以讓你突破過往侷限，活出專屬的精彩人生。

——作家／新北市立丹鳳高中圖書館主任　宋怡慧

把人生活成熱血拳賽，只有歐陽立中。

——故事革命創辦人　李洛克

立中老師在他版面上提到辭去教師工作的當時，我先是有些驚訝，後來又深深佩服老師的勇氣。果然是最有說服力的夢想實踐家，以具體行動為靠山，以多元視角為指引，突破自我設限，活出屬於他個人的真理。很期待以這本書為起始，追視著老師的背影，並且各自徐徐起飛！

——臨床心理師　洪仲清

讓歐陽老師帶著你找到不一樣的自己，跨越心中的理所當然，找到命中的獨特不凡。

——郝聲音 Podcast 主持人　郝旭烈

看著這本書，驚覺阻礙我人生的，是許多「理所當然」。讓立中引導你思考，把人生走得更好。

——溝通表達培訓師　張忘形

理所當然，是我們對藉口的妥協；所謂邊界，只是自己的人生設限。

——金石堂愛書大使、教師、作家、講師　陳怡嘉

歐陽老師的著作總是滿滿乾貨、讓人腦洞大開。想要升級思維、翻轉人生，就從此書下手！

——《內在原力》系列作者、TMBA 共同創辦人　愛瑞克

顛覆的觀點，不是為了特立獨行，而是為了讓人有機會在理所當然的觀念束縛中鬆綁，讓人可以因獨立思考而找到屬於自己人生路徑。立中老師以對自己的顛覆，成為對眾人的善待，在這本書中才感受到，原來當心裡有著對人的疼惜，顛覆可以強悍的如此溫暖。

——剪紙藝術家　楊士毅

閱讀這本書，讓你翻轉人生變得理所當然。

——企管講師、顧問、《高效人生商學院》Podcast 共同創辦人　趙胤丞

「知識不是力量，與你有關的知識才是力量。」歐陽立中老師在新書中，提出36個全新的觀點，單單這個利用知識的觀點，就能提高我們一生的力量。這是與我們最有關的知識寶庫，亟力推薦給大家！

——台中市立惠文高中圖書館主任　蔡淇華

事情一體兩面，歐陽老師為你解讀理所當然的另一面，當然你不一定要認同，但你一定可以有所收穫！

——閱讀人社群主編　鄭俊德

「翻案」不該只是存在於文學中的概念，而是可以實踐於人生的精神；且看歐陽老師帶著各領域大師們示範給你看！

——臨床心理師　蘇益賢

作者序

單一視角的人生，太無趣，也太霸道了

歐陽立中

這本書是我目前著作中，最叛逆的一本，你一翻開目錄，就能明白了。他顛覆了過去我們很多覺得理所當然的道理，像是「機會是留給準備好的人」、「酒香不怕巷子深」、「失敗為成功之母」等。如果你乍看，覺得眉頭一皺，心頭一揪，那我要恭喜你，開始覺察出單一視角的人生了。

我倒不是為了唱反調，或是故意說反話搏眼球。而是隨著人生歷練，我越來越發現，有些根深蒂固的價值觀，固然能陪我們走一段路，但世道如此複雜、人生如此艱難，**當初你深信不疑的價值觀，轉眼之間卻可能成**

為絆住你的枷鎖。像是你喊著「機會是留給準備好的人」的同時，想著卻是：「只要我還沒準備好，我就不用面對失敗。」像是你嚷著「酒香不怕巷子深」的同時，心裡盤算的是：「不是我不好，是別人沒眼光。」像是你說著「失敗為成功之母」的同時，心裡打的主意是「把失敗當集點卡，集滿換成功，換不到是老天負我」。當視角無法換位、思維沒有彈性，人生就像是你邊踩油門，邊踩剎車，既耗能又原地空轉。

我去演講時，常請聽眾做一個小活動，你不妨也試試看。首先，把你的右手指舉在半空中，然後順時鐘畫圈。好了嗎？接著，請你一邊畫圈，一邊把右手指往下移，直到你能俯視這個圈為止。有趣的來了，現在請你看看這個圈，是順時鐘？還是逆時鐘？如果你有照著我的步驟做，你現在看到的會是逆時鐘才對。但問題來了，明明你一直都是順時鐘畫圈啊，為什麼最後看到的會是逆時鐘呢？答案很簡單，因為你的視角不一樣了，一開始你是用「仰視」，隨著手往下移，最後你是用「俯視」。也就是說，明明是同一件事，你視角不同，就會得出截然不同的結論。

但是，單靠自己，要掙脫單一視角牢籠實在太難了，所以，我們要去讀厲害的書、認識厲害的人，他們之所以出色，就是因為他們能看透一個道理的光芒與陰影。像是我的人生導師許榮哲，當人家問他能不能教桌遊文學，而那時他擅長文學，但桌遊還在摸索。這種 case，一般人會拒絕，但榮哲他想都沒想，就說我會。接下 case 後，他第一件事，就是趕快去找人學桌遊。他知道按道理，準備好才能十拿九穩，那是機會的光芒；但他同時驚覺，「準備好」可能意味著曠日廢時，那是機會的陰影。最後，他選擇了先搶機會，再趕快學會這個人生策略。我必須說，這不見得適合每一個人，但保持思維的彈性，是每一個人都可以做到的。

正因為我身邊的人都太厲害了，時不時就給我一記思維重擊，我就像是跟他們在擂台打拳，他們出拳如風、身法如影；我左支右絀，頻頻挨拳。但拳挨久了，身體自然就耐打、自然也會閃躲，慢慢也就能跟得上他們的思維的拳速了。像是創業家蕾咪以一記迅猛的直拳告訴我：「如果你只相信一分耕耘，一分收穫；你就不會相信一分耕耘，十分收穫的可能性。」讓我意識到跳脫窮忙迴圈之必然；藝術家楊士毅以一個漂亮的閃躲反擊告訴我：「盡情逃避，才會甘願回頭，全力面對。」讓我領悟逃避不是壞事，但要做不做往往壞事；臺灣吧的創辦人蕭宇辰用一個刁鑽的鉤拳告訴我：「知識未必是力量，與你有關的知識才是力量。」讓我寫作時總是提醒自己找到與讀者的共鳴。

人生沒有理所當然，我們從小聽到大的道理，並不是真理，只是看世間的其中一個角度，包含我這本書所寫的任何道理都是。但也許有些人會以此要脅你，非怎麼樣做不可，不這麼做你以後會很慘之類的。我只能說，別被嚇怕而忘記思考，你是自由的，你的思考是奔放的。我們常被要求，遵循著單一視角的人生，因為大家都這麼做，所以你應該也要這樣做：考間好大學、唸熱門科系、找份穩定的工作、趕快結婚生孩子、退休後再來享受人生……**但我們只能按著別人安排好的進度條前進嗎？那你和他們的人生又有什麼不同呢？**對我而言，單一視角的人生，太無趣了；如果他們硬要套在你身上，也太霸道了。

我期待你在這本書裡，會因為發現從沒想過的觀點而驚呼、看見那些高手們有意思的活法而嚮往。然後，一點一滴，拓展你的認知邊界，人生如此曼妙，我們豈可錯過？

最後，非常謝謝幸福文化的編輯秉薇。在我沒靈感時，她細火慢燉，讓我在尚未覺察催稿之前，收下溫暖的鼓勵和建議；在我靈感爆發時，她大火快炒，讓我一篇接一篇，一道接一道，不知不覺完成這席滿漢大餐。睽違三年沒出書，謝謝你們的耐心等待，也盼著你們讀完後唇齒留香的滿足感。

PART 1

用最低的消耗
達到最大的成長

三思而後行，不如「意志力外包」

你有沒有發現，每當你興沖沖想嘗試些什麼，腦海中就會有個聲音出現：「三思而後行！三思而後行！」最後你左想右想、上想下想，想到都累了，結果想做的事就這樣不了了之。

當然，「三思而後行」這話的本意，是要你別衝動行事，想清楚再做。但沒想到卻成為很多懶鬼的護身符，像是「我想了很久，不是我不開始寫作喔，而是我覺得自己還要累積更多素材……」（你就是沒寫！），或者「我仔細思考後，不是我不開始健身喔，而是我真的抽不出時間……」（你找藉口的時間夠健身好幾次了！）

這是什麼概念？在《莊子・胠篋》有個故事很有意思：有天，盜蹠的徒弟問說：「我們當強盜的也有原則嗎？」盜蹠說：「當然有！徒弟們，當你不進門就能推測屋裡有什麼財物，這叫聖明；當你偷東西都能一馬當先衝進屋裡，這叫勇敢；當洗劫完，你願意殿後，讓兄弟們先跑，這叫義氣；當你能判斷該不該採取行動，這叫智慧；當大夥偷完東西，你能公平分贓，這叫仁愛。」

我的天，這什麼歪理啊！莊子透過這個故事想告訴你的是，任何過度被標榜的價值觀，很容易淪為有心人士操弄或曲解的工具。**「三思而後行」最大的盲點，就在於思考意謂猶豫，而猶豫非常消磨意志力**。人的意志力有限，一旦意志力用完了，根本還等不到行動，這人就提前放棄了。

別把寶貴的產出時間，花在和自己的惰性鬥爭

我一直以為自己是很有意志力的人，直到離職成為自由工作者後，才發現自己每天都在跟意志力談判。意志力說要，但我反駁他說，昨晚小孩鬧到很晚、我起不來；再像是要不要運動？意志力說要，我又有意見！工作都忙不完了，運動個屁；還有要不要做網站和 Podcast，意志力也說要要要～！我吐槽他，你是想把我累死是不是？後來，意志力就不再理我了。

這時我才發現，管理意志力是一件很耗神的事。但冥冥之中，你也知道這些事應該要做，問題在於懶才是人性，為了偷懶，只好找更多藉口說服意志力，今日不宜早起、不宜運動、不宜發文、不宜錄 Podcast……

那如果把意志力外包呢？請人家盯著你做，你就不用考慮要不要做？什麼時間做？做了會怎樣？諸如此類看似合理，但實則跟意志力對幹的問題。所以，我開始試著把意志力外包出去。

最有效率的方法，是讓專業的人來協助自己達成目標

像是「經營網站」這件事，之前其實我有粗略地學了些皮毛，結果架出來的網站，醜到別人誤以為這是山寨版、趕快來通知我，所以後來也就停擺了。直到我把經營網站外包給「檸檬知識創新」，他們幫我架好網站並規劃內容，接著就開始督促我發文頻率、做知識包、頁面調整、EDM行銷……等。

每次他們教會我一個網站技能，就會說：「那歐陽，我們來訂個約定吧！下禮拜五前可以發至少三篇部落格文章嗎？」我：「可……可……可以。」一是我找人家督促自己的，還好意思說不可以嗎？

接著是運動健身，之前本來會去公園慢跑，但後來我每天都在祈雨，因為只要下雨了，我就可以合法不跑，耶！驚覺再這樣下去不行，我乾脆把運動健身外包給健身房教練Eric，每個禮拜上一堂健身課，從最基礎的

開始學起：練胸、練肩、練背，然後慢跑收尾。

一開始練完回到家都虛脫了，到處找東西吃，可發現思緒越來越清晰，心情也開心很多。這時才明白，難怪書上老是提到運動對腦袋和情緒有很大的幫助，只是我們很容易因為工作忙而把運動序位不斷往後擺。然後教練每週會傳訊息貼心提（ㄉㄨ）醒（ㄘㄨˋ）我說：「哥，下禮拜的健身課可以跟我約時間囉！」我：「喔……喔……好。」是我找教練督促自己的，還好意思不去練嗎？

最後是「做 Podcast」，這是很早就想進行的企劃，但後來我每天都在糾結，到底要自己做？還是找人幫忙？想自己做是因為一開始把這件事情想得很簡單，不就開麥、錄音然後上傳，有需要花錢請人弄嗎？然後糾結的結果，你知道的，就是無限延期開工。

後來覺得不行，牙一咬，請了 Podcast 製作人 Jocelyn 督促我。人家有上千集的製作經驗，果然厲害，表單一開、流程一列，什麼時間要有什麼進度，一目了然。我猶豫了半年，結果Jocelyn一個月內就幫我把片頭、音樂、申請、內容規劃全搞定了，連錄音室、通告單、播放連結也全部完成。我不知道吃錯什麼藥，竟然說要日更，所以接下來Jocelyn常常會給我溫暖關（ㄉㄨ）心（ㄘㄨ丶）：「下一週的錄音檔要上傳囉！」我：「啊……啊……是。」是我找製作人來督促自己的，還好意思不錄嗎？

當然，我也必須誠實地說，外包都是需要花錢的。但我認為，**如果不外包，我們會把時間浪費在猶豫要不要做，可是人生最貴的是時間，最便宜的是錢**。所以我決定把意志力外包給真正專業的人，由他們來督促我做。因為有花錢，所以也會比較正視這些重要的事。不敢說百分之百做到完美，偶爾還是會偷懶，但回頭過來看，比當初自己空想啥也沒做，如今成果簡直好得超乎我的預期太多了！

如果少了這四個字，知識未必是力量

以前當老師時，為了激勵學生好好讀書，口袋裡自然存了不少可以信手捻來的金句，其中「知識就是力量」，我想應該名列最常出現在課堂的句子TOP3。這句話有趣的是，通常大家認為出自於英國哲學家弗蘭西斯・培根（Francis Bacon），但後來有人查遍培根所有著作，並沒有發現這句話的蹤跡。

應該這麼說，培根在《沉思錄》（*Meditations*）裡有提到「知識本身是力量」，但是「知識就是力量」這句話的出現，是在托馬斯・霍布斯

（Thomas Hobbes）的著作《利維坦》（*Leviathan*）裡，而他曾經擔任過培根的秘書。因此更準確地來說，培根給出了概念，而霍布斯把這句話裝修得更有力量。

對不起，我一不小心認真了。不過話說會來，你仔細想想，上面這段小知識，對你而言有力量嗎？當然沒有，對吧！為什麼？因為知道也好，不知道也罷，對你的人生不會起多大的改變啊！知識的確可以成為你的力量，但有個重要的前提，就是得再加上「與你有關」四個字，**也就是說：**

「與你有關的知識才有力量。」

讓每個人都能對生硬的知識產生興趣

這概念是蕭宇辰教會我的，他是「臺灣吧」的創辦人。說到臺灣吧，你會哦哦哦地驚呼，因為你一定看過他們的 YouTube 影片。臺灣吧是一間致力於知識普及的內容公司，任何複雜資訊和知識，只要來到他們的手上，就會變成有趣的動畫。

我還記得，之前我在國文課教到鄭用錫的〈勸和論〉，講到當時臺灣分類械鬥很嚴重，不過因為課文本身比較嚴肅，學生聽到都恍神了，這時我就放「臺灣吧」談分類械鬥的動畫片，很神奇的是，學生竟然全都活過來了！

後來我請教宇辰，他們團隊是怎麼把生硬的知識，變成人人都會想學想看的影片呢？宇辰告訴我：「培根曾說過『知識就是力量』，但我們在創業的過程中發現，『與你有關』的知識才是力量。」為什麼呢？**因為人會選擇性注意，如果這個知識大家覺得跟自己無關，那自然不會想去了解，更別說記住了。**所以臺灣吧團隊在寫動畫腳本時，最重視兩個要素，一個是「共鳴」，另一個是「反差」。

先說「共鳴」，也就是當你要講一個知識，要用受眾能瞬間理解的比喻來說，讓他覺得這事跟他有關。比方你談ＡＤＨＤ（attention deficit hyperactivity disorder），醫學上俗稱的過動症，如果你的說明是這樣：「ＡＤＨＤ是一種神經病學失調，與大腦額葉的過度不活躍模式有關，特徵是注意力渙散、過動與衝動。」的確解釋得很精準沒錯，但聽眾不會有共鳴。

然而，如果你換個方式，加入比喻來說明：「ＡＤＨＤ就像是大腦有法拉利的引擎，卻配備腳踏車的剎車。要是能讓剎車強大一點，就能變成賽車冠軍。」聽眾知道法拉利、知道腳踏車、知道剎車，是不是瞬間就明白ＡＤＨＤ患者所面對的困境呢？這就是共鳴的厲害之處。

再說「反差」，就是要讓受眾以為Ａ對，但其實Ｂ才是對的。比方當時臺灣吧做的第一支爆紅的影片，叫做「賣台？後藤桑の如意算盤」。影片講的就是當初日本殖民臺灣時，日本國會曾經想用大約一億日圓把臺灣賤價賣給法國，這就是最早的「賣台」。

你看，本來一直以為日本很想殖民臺灣，因此爆發許多台日衝突；但實際上是日本也因臺灣問題焦頭爛額，甚至心生賣台的念頭。這樣的反差，就會打開受眾的認知縫隙，產生好奇心。這部影片如今的觀看次數接近三百萬次、甚至連後來出的英文配音版本，也有十二萬的觀看數，是不是很驚人呢？

不過問題來了，你不能光是期待「臺灣吧」把知識都做到與你有關啊！那麼平常時候我們應該要怎麼做呢？

親身應用之後，才會變成自己的東西

我曾在「爆發閱讀」線上課程教過一招，叫做「三色批註法」。以閱讀來說，我在讀書時，會準備三種顏色的筆，分別是藍色、紅色、綠色。藍筆用來在書上寫「你的經驗」，也就是讀到一個新概念時，要試著回想你有沒有遇過類似經驗。

我曾在《影響力》（*Influence, New and Expanded: The Psychology of Persuasion*）這本書讀到「互惠式讓步」這個知識點，意思是當你想請別人幫忙時，可以先提一個比較大的要求，讓他拒絕；這時再提另一個相對小的要求，對方答應的機會比較高。因為基於人的互惠心理，你退讓一步，對方也會想要跟著退讓。

我讀到這裡，就想到自己曾經在台北車站附近一間手機用品店，看到門口在賣九十九元的充電線，實在是很便宜，我就拿了一條要結帳。結果店員跟我說：「先生，你這條充電線，品質可能沒那麼好，會充得比較慢，你要不要考慮用原廠的充電線，一條四九九元。」我當下拒絕了，因為有點超出預算。後來店員又跟我說：「不然你要不要考慮副廠的充電線呢？性能差不多，但是價格比原廠便宜，只要二九九元！」你猜猜看，最後我買了哪條充電線呢？對，我中了互惠式讓步，買下二九九元的那條充電線。

當我把這個經驗簡單寫在書上，是不是「互惠式讓步」就從此與我有關了呢？當然，**如果一時之間，你想不到自己的親身經驗，你也可以先放著，等到之後遇到了，再回頭記在書上**。我保證，當你開始養成這個習慣之後，你的閱讀會越來越有效率，而不會像很多人就算讀完一本書，也記不住書裡的知識，因為他們忽略去創造知識和自己的關聯性。

知識的確有力量，但千萬別忘了，與你有關，才是讓知識力大無窮的關鍵！

如果少了這四個字，知識未必是力量

如果你覺得這個知識跟自己無關，那自然不會想去了解。因此，當讀到一個新概念時，要試著回想你有沒有遇過類似經驗，這個概念才會成為「與你有關的知識力量」。

本想活到老學到老，卻誤入「信息繭房」

朋友久沒見面，聚在一起，吃吃喝喝外，話題從工作、小孩，很自然聊到長輩親戚。「齁，我快被舅舅煩死了，三不五時傳一堆恐怖新聞，然後要大家這個別做，那個別做。」「我伯母也是耶！她是常傳一些不知道哪來的怪知識，什麼熱天喝冷飲會導致上食道出血、電動車電池拿到電梯裡會靜電爆炸，後來查證後都發現是錯誤知識。但跟她講她也不聽，還惱羞成怒。」「你這還好，上次我跟長輩聊到教養，那才是災難，我說現在教養鼓勵先傾聽孩子，引導他們覺察情緒。結果長輩說那是寵壞孩子，別聽什麼鬼專家亂說！」

我相信此刻你一定點頭如搗蒜，有些知識和觀念跟長輩聊起來，如同政治和宗教，不是在討論事實，而是變成信仰爭論。你說是因為長輩不再學習了嗎？那倒不見得。他們報章雜誌看得比你勤、網路新聞聽得比你多、也會加群組交流資訊、甚至還會報名課程去上，貫徹「活到老，學到老」的信念。可是為什麼會給你一種強烈的封閉感？

演算法讓你陷入封閉的知識舒適圈

哈佛大學法學院教授凱斯．桑斯坦（Cass R. Sunstein）把這種現象稱為「信息繭房」。他在自己的著作《信息烏托邦：眾人如何生產知識》（*Infotopia: How Many Minds Produce Knowledge*）裡提到，在網路發達的時代，**我們所得到的資訊並非多元全面的，而是只注意到自己關注的領**

域，以及會讓自己認同的知識。久而久之，就把自己封閉在像蠶繭一樣的訊息圈。

再加上網路演算法的推波助瀾，你越常看什麼資訊，它就搜尋更多類似的知識餵養你。但如果那資訊本身就有問題，演算法並不會提醒，而你只會得到更多同樣有問題的知識。更慘的是，你還沾沾自喜，覺得自己活到老學到老，還拿這些有問題的資訊，去教育那些你覺得不夠有常識的人。結果你變成義和團，外面的世界已經船堅炮利，叩關邊境；你還在神明護體，天下無敵。碰！結果如何，可想而知。

當然，問題絕不在老年，而是從中年慢慢開始的。人在年輕的時候，思想還沒固化，看到新的論點或證據，當下一震，想通後覺得有道理，願意調整自己的想法；但是這種「多元開放思維」會隨著年紀漸長而不斷下降，根據研究，下降最強烈的年齡有兩個：四十歲和七十歲，剛好就是中年和老年。老年也許還好理解，但為什麼中年會這樣呢？

萬維綱提出了個很有意思的解釋，他說，年輕人因為還在上學或上班，總是不斷接觸新的同學或同事，在想法上自然會產生激盪；但人到中年以後，會更傾向把時間花在家人和老朋友身上，而不願意再認識新人。問題是，**這些你熟悉的人，他們知道的知識你也知道，慢慢就形成了一個封閉的舒適圈。**

你知道嗎？讀到這裡時，我突然覺得背上插了好幾支箭……因為這幾年，我還真有這種感受。在雙寶還沒出生前，我超愛跑工作坊和課程，到處學新的知識，學過微電影拍攝、NLP神經語言程式學、AL加速式學習、還有參加大大小小的讀書會。每次學習都會認識新的朋友，他們來自各領域，帶給我新的思維衝擊。因此那時候，我筆下的文字極具張力，靈感源源不絕，就是拜豐富的社交刺激所賜。

當有了孩子後，很自然地會想把心力放在家庭，畢竟陪孩子成長的機會只有一次。所以後來我假日都沒參加課程了，選擇帶孩子出去玩，的確孩子跟我的情感更緊密。但我也慢慢發現，自己這幾年的見識，好像慢慢停留在年輕時候。有時候文章寫來寫去，總覺得像是老調重彈，怎麼樣也想不出更耳目一新的見解。

不想成為說教中老年，可以怎麼做？

當然，這並不是在說我為了孩子而犧牲了學習，相對的，這是一種自我覺察，的確步入中年之後，重心會圍繞在家庭，要出去學個什麼實在有難度。但我們可以做些什麼，別讓自己被關進「信息繭房」呢？

萬維綱給出的解法是：「保持豐富多彩的社交圈。」**不是只跟年齡相仿的朋友抱團取暖，而是跟不同年齡層的人打交道**。人步入中老年後會有個毛病，舉凡自己看不懂的新概念，都視作邪魔歪道，緊抱著自己的舊概念不放，久而久之自然和時代脫節，越活越封閉。還說自己不都這樣活過來了，搞不懂現在年輕人都在想什麼；一看到後輩，動不動就想給建議，要人家都照自己的方式活，但人家也覺得莫名其妙啊？憑什麼來干涉別人的人生。幾次不歡而散之後，乾脆減少往來，這就是為什麼有些人越活越孤獨的原因。

我朋友吳家德總經理在臉書上寫了一段文字，特別令我嚮往，他說：「我很喜歡跟我的兒子女兒互動。他們小我三十歲左右，和他們聊天，可以讓自己更了解年輕人，也對我在企業內部的領導統御很有幫助。不要讓自己變成孩子不喜歡的大人，除了給孩子錢以外，更要給愛，也要談心，才有信任感，關係才能更好。孩子都已超過二十歲了，用故事取代說教、用陪伴割捨溺愛、用關心替代命令，這是我的教養準則。我是孩子的父親，也是孩子的靠山，能和他們生活與成長，是一件很美妙的事情。」

我不知道自己能不能確實做到，但提醒自己：**活到老，學到老沒錯，但要記得，不是只跟同溫層學，然後回頭板起臉對年輕人說教；聽聽年輕**

人怎麼說，跟他們學自己不懂的。你會發現自己，年紀越活越老，但靈魂卻越活越年輕。

本想活到老學到老，卻誤入「信息繭房」

你得到的資訊，其實只有自己關注的領域和認同的知識；多元開放思維會隨年齡增長而下降，別光是和同齡朋友抱團取暖，而是要「保持豐富多彩的社交圈」。

吃苦我OK，但當吃補，你先請！

我曾經很著迷《火影忍者》的漫畫，尤其特別喜歡李洛克這個角色。他是一個不會忍術的忍者，其他忍者使出那些炫炮的招式，像是吐火球、影分身時，他只能用拳腳啊噠啊噠地近身肉搏攻擊。

李洛克不像佐助和寧次是天才忍者，但好在他有個熱血導師叫阿凱，告訴他一句話：「小李，你是天才，但是，是努力型的天才。」這句話改變了李洛克的人生，他不再因為自己不會忍術而自卑，相對地，他決定強化體術，把肉體鍛鍊到極致。

漫畫最熱血的，莫過於李洛克給設計了一套「打賭」的訓練規則。比方，他要做五百下伏地挺身，然後跟自己打賭，如果做不到的話，他就要懲罰自己，跳繩一千兩百下。再一次又一次的打賭失敗中，這些懲罰成了他的另類修練，當初吃的苦，成為最厚實的補，使李洛克成為頂尖的體術高手！

你知道嗎？當年的我讀到這裡，熱淚盈眶。剛好那時我打系上籃球隊，想把李洛克精神如法炮製。於是，我趁球場空無一人，展開祕密特訓；告訴自己，投二十個三分球要進十個，如果沒做到，就要折返跑十趟；切入跳投三十個要進二十個，如果沒成功，就要跑操場五圈。

結果你猜怎麼著？第一天我全身虛脫，但仍熱血有餘；就這樣練了一個月，突然一想到籃球，我就一陣反胃。想到沒進球又要折返跑、又要跑操場，雖然這些對體能有幫助，但乏味至極。所以後來我開始練祈雨，因為只要下雨了，我就可以堂而皇之休息，還不會有罪惡感。總之，我那熱血的吃苦訓練，最後也就無疾而終了。

想要成功，需要把練習變有趣

不過我也納悶，到底問題出在哪呢？漫畫裡的吃苦修練，為什麼來到現實往往成效不彰，是我們的意志力太薄弱嗎？直到我讀了亞當・格蘭特（Adam Grant）的《隱性潛能》（*Hidden Potential: The Science of Achieving Greater Things*），才找到問題的答案。

亞當・格蘭特指出，過去風靡全球的「一萬小時理論」，標榜任何技能只要苦練一萬小時，就能成為頂尖高手；以及「刻意練習」，告訴你只要有明確目標和意見回饋，重複練習就能提高績效。他們學理上有其道理，但卻忽略了人性：人不是機器，乏味的重複訓練會讓人身心俱疲。

所以你看莫札特，在世人眼裡，他是音樂神童，享譽樂壇。但你不知道的是，在莫札特遺留後世的信中，不時提到他的疲憊：「我的手指因為創作這麼多宣敘調而疼痛。」「好累……太多表演了。」也許，他是少數挺過吃苦的那個，但更多有潛力的新星，說不定在單調的吃苦裡，放棄了他們曾經的熱愛。

你可能會說，想成功不吃苦，難道要躺平嗎？倒也不是，**練習是必要，但不需要用吃補來美化單調的吃苦**。至於要怎麼做，亞當．格蘭特提出一個非常有啟發性的概念，叫做「刻意玩樂」，這是指你必須重新設計任務，使練習變得有意思而且有發展性。

舉一個最經典的例子，NBA知名球星史蒂芬．柯瑞（Wardell Stephen Curry II）你知道吧！在他還沒成名之前，幾乎沒人看好他。他的身高普通，爆發力一般，甚至進大學沒拿過任何的籃球獎學金。但是誰改變了他？答案是他的籃球訓練師布蘭登。他為柯瑞量身打造訓練菜單，但是菜色非常讓柯瑞眼睛一亮，不是他過往的單調吃苦訓練，而是一個個特別設計過的任務遊戲。

說一個讓你聞香一下，其中有個遊戲叫做「二十一」。他怎麼玩呢？很簡單，布蘭登要求柯瑞，要在一分鐘內得二十一分，得分方式有三種：上籃得一分、中距離跳投得兩分、三分線投進得三分。不過，每次得完分後，必須跑到球場中間，再跑回來繼續得分。

有決心很好，但別把折磨當成考驗

如果你有打籃球的經驗，就會看得出這訓練的玄機。布蘭登讓這個訓練遊戲模擬了比賽時球員來回跑動的疲憊感，但就算跑到氣喘吁吁，也必須有穩定得分的能力。這就是為什麼你看柯瑞的比賽，他的跑動如此流暢、進球像玩遊戲一樣簡單。對，因為布蘭登早把吃苦的訓練，變成像打遊戲般刺激，這就是「刻意玩樂」的力量。

回到我們的生活裡，別再把「吃苦當吃補」掛在嘴邊，那除了讓你逃避吃苦，我想不到任何好處。我們要做的是，把那些日常工作、例行練習重新設計，讓他變得有意思。像我在寫這本書時，坦白說一開始很痛苦，因為得要從格言裡，試著找出新的視角。寫沒幾篇，靈感就開始跟我鬧脾氣，死不出來。怎麼辦呢？

後來，我設計了一個「打臉尋寶」的遊戲，就是每次寫文章前，我會先找幾本書來看，目標是要在三十分鐘內，找到一個打臉我想法的故事。正因如此，讓我有動力搜尋寫作素材，像你現在讀到的這篇文章，就是我在玩「打臉尋寶」遊戲時，意外發現的新概念。

所以，你要吃苦可以，但記得加點甜；要吃補也行，那就去燉雞熬藥。**只是把吃苦幻想成吃補，既考驗想像力，又折磨意志力，**我挺不過，就留給活在動漫裡的角色去吧！

熟能生巧，其實是廢掉一個人最隱蔽的方式

我曾經當了十年的高中教師，後來決定出來闖蕩，於是遞出辭呈，放棄人人稱羨的鐵飯碗。還記得剛離職時，在別人眼裡，我的背影瀟灑帥氣，對，只能是背影，正面會嚇到人。多少人工作累到嚷著不幹了，但上一秒X的，下一秒好的，我是少數真的辭職做自己的那個。

不過再怎麼瀟灑的背影，也要面對現實的柴米油鹽，為了怕斷炊，我有case就接，只求把行事曆填滿。自由工作者沒有月薪，必須想法設法日日有進財，所以一開始我的目標設定很簡單，每天必須要有產值，拚個

三、五千左右，有點像跑計程車，人家是里程數計費，我拚字數和時數計費。一開始都很好，我每天跟老婆匯報營收，讓她安心。

直到有天，我坐在電腦前，發現自己竟寫不出來半個字！更具體來說，是打了一串字又刪掉，反反覆覆了一個小時，Word檔始終停留在閃爍的那條直槓。為什麼？因為我突然發現，不管是打出來的故事、感悟、金句，都像是老舊過時的隨身聽，連自己都聽不下去。

那一刻，我意識到自己廢掉了！可明明我每天都這麼認真工作啊？為什麼？**因為廢掉一個人最隱蔽的方式，就是讓他一直工作，忙到沒時間成長。**

熟練了，然後呢？

工作不一定代表成長，因為我們為了追求最大效率，會把工作流程做到滾瓜爛熟，像是裝配線的員工鎖螺絲釘、綁貨；像是資深教師就算不備課也能上課，但那頂多代表熟練，**偏偏熟練有時是成長最大的敵人。他會讓你覺得很舒服，因為你不再需要思考，也不再需要關心外面怎麼樣**，在這小小的溫室裡永遠恆溫，我們就是這麼被廢掉的。

還記得賣油翁的故事嗎？有個神箭手叫陳堯諮，自認箭術舉世無雙，沒人能比得上他。有次，他在家裡射箭，有個賣油的老人家在旁邊看，陳堯諮箭無虛發，咻咻咻，連續正中紅心。心想那老頭一定看得瞠目結舌吧！結果轉身一看，老先生只是微微點頭。陳堯諮傻眼，問老先生說：「我的箭法怎麼樣，厲害嗎？」沒想到老先生說：「不過是熟能生巧罷了。」這下陳堯諮氣炸了，說：「老頭，你竟敢輕視我的箭術！」只見老先生拿出一個葫蘆，把一枚銅錢放在葫蘆口上，然後舀了一杓油，由上而下倒入葫蘆裡，神奇的是，油穿過錢孔，但一滴也沒碰到錢。老先生笑著說：「我這也沒什麼了不起，不過也只是熟能生巧罷了。」

以前讀到這故事，都會覺得對對對！想練就本領，靠的就是熟能生巧，那是成長唯一的指標。但有趣的地方就是，**人從不會到會，靠的的確是熟能生巧；可是當會了之後呢？**大腦的惰性就出現了，你不需要花很多時間，就能把事情做完，省下的時間就拿來好好享樂。就像一個老師把課程教熟了，他便不再備課，拿同一套東西教一輩子，可是學生會變、時代會變，他的課程卻沒有與時俱進。你說，他的教學有成長嗎？沒有，他可能越教越廢。

想成長，得要不斷重複「從不會到會」

後來我逼迫自己，不管書評寫得再熟練，每個月一定要老實讀兩本書，寫成筆記，讓書中智慧鐫刻進我的心底；所以我虐待自己，不管演講講得再熟練，每個月我一定要老實說兩本書，製作成一份份的簡報，讓書中知識像條鯰魚，放進我那原本奄奄一息的魚池，激發那些沙丁魚般的腦細胞。

我不會再讓工作用最隱蔽的方式廢掉我，所以閱讀後，我決定說書，用輸出的方式來輸入，創辦「歐陽 Talk 書秀」線上讀書會，每個月固定在線上，為參加的學員們扎實地說兩本書。至於說什麼書？如果只說我擅長領域的書，像是寫作、表達、教學等，那又是陷入熟能生巧的盲區。

這時，我想起查理蒙格所說的「多元思維模型」，**每個領域有他獨特的思維方式，如果你只用單一領域來看事情，會被侷限住；所以最好的方式，就是跨領域學習，把不同領域的知識整合起來，成為自己的思考體系。**

因此，在我的線上讀書會，那怕我不是「投資」專業，我仍導讀《持續買進》（*Just Keep Buying: Proven Ways to Save Money And Build Your Wealth*）、《一如既往》（*Same as Ever：A Guide to What Never Changes*）等投資名著；哪怕我不擅「邏輯」分析，我仍導讀《反智》（*The Irrational Ape：Why Flawed Logic Puts us all at Risk and How Critical Thinking Can Save the World*）、《說理》（*Thank You for Arguing: What Aristotle, Lincoln, and Homer Simpson Can Teach Us*

About the Art of Persuasion）等邏輯神作；哪怕我不懂行銷，我仍導讀《噓，別讓顧客知道原來你用了這一招》（*What Your Customer Wants and Can't Tell You: Unlocking Consumer Brains with the Science of Behavioral Economics*）、《如何改變一個人》（*The Catalyst: How to Change Anyone's Mind*）等行銷好書。

說真的，在準備時非常費時耗神，甚至感到緊張，擔心自己講不好。但完成後，我確實感到自己不一樣了，我可以用投資思維聊寫作、能用邏輯分析談表達、也可以用行銷技巧論教學。

更重要的，是你現在讀到的這一篇文章，不再像老舊過氣的隨身聽，而是年年發表更新的蘋果手機啊！是的，當你從不會到會，熟能生巧是最佳解；但當你已經駕輕就熟，千萬別讓熟能生巧廢掉明明有大好前程的你。**讓自己追求「不適感」，讀沒看過的書、去沒想過的地方，見那些厲害的人**。世界那麼大，值得你好好看一看，對吧！

逃避的反作用力，搞不好是你起飛的助力

我有位朋友叫楊士毅，他是剪紙藝術家、同時也是攝影師和導演，每次看到他的創作，我總覺得老天把才華偷偷多分了一點給他，就像小時候阿嬤疼孫一樣，總用衛生紙偷包些糖果餅乾塞進你手裡。

士毅的作品有多動人呢？有機會的話，你可以到台南安平的漁人碼頭走一走，你會因一座巨大的鯨魚雕像而停下腳步，而那就是士毅的作品，叫做「大魚的祝福」。他用了三千七百多根不鏽鋼焊接出鯨魚的身體，讓它呈現剪紙藝術的鏤空感，而鯨魚的中心，是一個彩色玻璃組成的臺灣，

象徵這片土地因為包容而繽紛。

更有意思的是，你會發現它不是只可遠觀的雕像，你可以走進大魚的身體。走在一樓，往上可以仰望彩色島嶼；走上二樓，這座彩色島嶼頓時讓你俯視。士毅說，當初在設計這個作品時，他就不希望這只是個裝置藝術，而是一個開放空間，讓人們可以自由來去，感受在這塊土地被擁抱呵護的溫暖。

當無路可退時，才會奮力一搏

說到這，你能理解為什麼我如此佩服士毅了嗎？我原先以為他溫暖的創作，來自於幸福的童年。直到我讀了他的書《沒有門檻的幸福》，才發現根本不是這樣。士毅小時候家境不好，甚至必須寄人籬下，他住在親戚開的理髮廳，每天要看人臉色，動不動就挨打挨罵，居住環境也很糟，除了理髮的客人外，這裡也常聚集來打麻將抽菸的大人。

我越讀越同情士毅的遭遇，但我也好奇他是怎麼撐過來的。直到看見他寫到一個觀點，我眼睛一亮。士毅說：「**盡情逃避，才會甘願回頭，全力面對。**」什麼意思呢？那段住在理髮廳的日子，每天充滿恐懼和痛苦，士毅心想只要離開這討厭的環境，一定可以變得快樂。

於是，他努力地逃，從新北三重逃到台南讀大學。可是士毅發現，就算逃離了理髮廳，卻離不開自卑畏縮的自己、離不開恐懼害怕的內心。他害怕與人交談、不懂人際相處、上課都要坐最後面才心安。

逃久了，士毅感受到一股反作用力，推著他朝另個方向回眸。於是他告訴自己說：「楊士毅，我們逃也逃過了，我們不要再逃了好嗎？**想要快樂不是去一個更好的地方，而是讓自己擁有一顆能面對不安與恐懼的心。**」是的，就像鳥兒揮動翅膀，利用空氣的反作力振翅飛翔。士毅反過頭來，利用逃避的反作用力，逃離人生困局，用藝術作品讓幸福沒有門檻。

很多時候，我們視逃避為毒蛇猛獸，給逃避的人貼上魯蛇的標籤。我以前也是這樣，覺得逃避的人怯懦膽小，連為自己負責都不會。直到後來我面對人生最大的一次逃避，這才慢慢對逃避有所改觀。到底是什麼事呢？那就是：寫碩士畢業論文。

放手去做次要的事情，就會甘願面對不能逃避的事情

有寫過論文的朋友，一定懂我在說什麼。平常研究所聽老師講課、和同學討論很開心，但到了要寫畢業論文，那就是一個人的武林了。你得自己獨自面對，萬燈謝盡，沒人幫得了你。況且，我那時是一邊工作、一邊讀研究所，拖到學籍最後一年，再不寫出論文就畢不了業，這才發現事態嚴重。

為了專心把論文寫出來，我辦了留職停薪，全力在家寫論文。但你

知道嗎？相較平常寫文的自由奔放，論文寫作講求嚴謹有據，這對我而言特別困難。我算了算繳交論文的期限，給自己訂了個標準，每天至少要寫兩千字論文才來得及寫完，也到圖書會借了厚重的參考資料，準備全力以赴，直面挑戰。

但明明讀資料、寫論文，是我每天的第一要務，可這時我的逃避心態爆發，早餐開始細嚼慢嚥，說是有助消化，實際上是能拖就拖；然後點開YouTube，看些知識節目，美其名增廣見聞，實際上是不想寫論文。我知道自己在逃避，看著日子一天天過去，心裡也很焦慮。

直到有天，有個念頭從我心裡浮現：「既然我那麼想逃避寫論文，那乾脆就順著逃避，把這些外務做好；等逃避甘願了，再回頭把論文做完吧！」我先說，這方法不見得適合你，但對當時的我則特別受用。

每天吃完早餐，我做的第一件事不是寫論文，而是在網路上看羅振宇主講的節目「羅輯思維」。我不只看，還勤做筆記，甚至把節目裡提到的書都買齊了，你看堆在我書桌上的論文資料有多哀怨。直到把這事做完，一天的最後還剩下些時間，我就回頭認份地寫論文，擠出點字數來。

因為寫論文太苦悶，假日的時候自然想找些樂子，但又不能顯得玩物喪志，所以我跑去報名一些課程和工作坊。我跟人生導師許榮哲的認識，就是在這個時期，我去參加他的「桌遊文學工作坊」。那兩天放下了手邊的論文，反而熱情滿滿地做出一款桌遊，讓榮哲印象深刻。最後，他邀請我一起合寫《桌遊課》，一圓我的作家夢。

人最有趣的是，**做正事都百般倦怠，但為了逃避正事而去做的副業，都經營得有聲有色**。既然如此，那何不利用這份逃避的反作用力，助自己一臂之力呢？在我寫論文期間，逃避的反作用力，讓我成為一位作家，然後讀了很多跟論文無關的各領域好書，奠定了我後來的知識庫。逃避盡興了，我這才甘願回頭，勉強把論文寫完。最後，我寫出六十分的論文，驚險畢業；卻玩出九十分的副業，拓展人生。

如果你此刻正在面對一件極不想做的事，那就逃避一下吧！只是這份逃避，必須由你賦予他意義。沒有人能告訴你，正事和副業孰輕孰重，你得為自己的選擇負責。但重點是，讓逃避的反作用力，成為你飛翔的助力。

逃避的反作用力，搞不好是你起飛的助力

「想要快樂不是去一個更好的地方，而是讓自己擁有一顆能面對不安與恐懼的心。」當你賦予逃避特別的意義，這個反作用力，就會成為飛翔的助力。

面向陽光陰影就在背後，但你不能裝沒看見啊！

越戰期間，美國和越南都抓到敵對人馬當戰俘，其中，被抓到的美軍戰俘裡，官階最高的是上將吉姆．史塔克戴爾（James Stockdale）。想想看，是發號施令的上將耶！可想而知他落入敵營會遭受到什麼樣的待遇？沒錯，史塔克戴爾被越南軍方反覆刑求，試圖逼問出美軍的重要情報。他瀕臨崩潰，甚至有輕生念頭，但最後，他撐過來了。

戰爭結束後，史塔克戴爾重獲自由。由於身份的關係，自然引發當時許多人的好奇，跑去採訪他。有道問題很有意思，記者問他：「請問哪些人在囚牢裡過得最艱辛呢？」史塔克戴爾想了想，給出了一個跌破大家眼鏡的答案，他說：「樂觀的人。」

此話一出，立刻引發大家一陣騷動。史塔克戴爾接著解釋原因：「那些過度樂觀的，老是想著自己會在聖誕節前回家的戰俘，會在聖誕節過去後，自己仍在牢裡而崩潰，他們死於心碎。」他最後給出一個結論：**「面對人生的苦難，你必須一面抱持堅定不疑的信念，相信事情會好轉；但另一方面，你也得接受殘酷的現實並接納他。這兩者之間存在一股平衡的力量。」**

假裝一切很好，並不會讓事情更好！

這個故事是我從摩根．豪瑟（Morgan Housel）的著作《一如既往》中看到的，對我而言非常震撼！因為如果你讀過我先前的作品，會發現我根本是樂觀代言人，我寫《飄移的起跑線》，告訴你家庭背景比人家差沒關係，只要努力學習，絕對能逆襲人生；我寫《就怕平庸成為你人生的注解》，告訴你永遠要記住眼裡有光、心中有火的自己。許多讀者聽過我的演講，都說我好有能量、好樂觀，問我難道沒有悲觀的時候嗎？那時，我往往笑而不語，深怕心中一絲絲的悲觀露了餡。

回想起來，我人生中有很多時候是被悲觀壟罩的。那時大學讀的是師大國文系，雖然我喜歡國文，但因為唸的是前三志願的成功高中，在周遭同學紛紛考上台清交熱門科系的氛圍下，總覺得自己不如人。甚至同學會跟我開玩笑說：「歐陽老師，以後教我作文喔~哈哈哈。」我不知道國文系的前景如何，悲觀的濾鏡讓前方蒙上一層灰。

後來，我考上公立高中老師，獲得人人稱羨的鐵飯碗：有寒暑假、穩定的收入、以及退休俸，人生基本上高枕無憂了。看到榜單上出現自己的名字，那一刻，我的確振臂疾呼、狂喜吶喊。因為考教甄的過程，就像跟著一群人橫渡日月潭那樣，只是你不知道，什麼時候才輪到你上岸。

教書是開心的，我喜歡站在台上跟學生分享的感覺。不過悲觀像禿鷹一樣，不時盤旋在上空，彷彿在暗示我：「多年後，你以前的同學朋友都升遷加薪了，你依然只是老師，你甘願嗎？」「退休金快發不出來了，以後得延後退休，月退俸也不如以往，你接受嗎？」「學生越來越難教、家長越來越難溝通，你的熱情會被消磨，你承受得住嗎？」

常聽到這麼一句話：「面對陽光，陰影就在背後。」告訴你只要選擇樂觀，那麼就不會悲觀了。不對，悲觀依舊在，只是你裝沒看見。就如同動畫《腦筋急轉彎》（*Inside Out*）裡，小女孩萊莉心中，有各種不同的情緒，而樂樂（快樂的情緒）一直想要主導一切，所以她極力阻止憂憂（憂傷的情緒）碰觸任何回憶水晶球，強行讓萊莉只許快樂，卻反而壓抑了萊莉的其他情緒。

後來經歷過萊莉離家出走的風暴後，樂樂這才明白，深刻的回憶不是全然快樂的，而是快樂與悲傷共存。同樣道理，**人生可以面對陽光，但也不要逃避陰影；樂觀很好，但也別抗拒悲觀。**

做好準備，並相信自己有解決問題的能力

當然，你可能會納悶，那是要怎麼做呢？關於這點，摩根・豪瑟給出了一個很好的策略：「像悲觀主義者一樣計畫，並像樂觀主義者一樣夢想。」這樣的組合看似違反直覺，但實際上力量強大。就拿投資理財來說，你要像悲觀主義者一樣儲蓄，保留你的現金流，以備不時之需；但同時你也要像樂觀主義者一樣投資，跟著市場一起成長，坐收時間帶來的紅利。

人生也是如此，雖然這麼說有後見之明的嫌疑。但回想我當時，悲觀隱然指引著我去計畫，要我別被鐵飯碗給綁住。**真正的鐵飯碗，不是考上了從此一勞永逸，而是你憑自己的本事，不管到哪都有飯吃。**所以我悲觀

地計畫：「如果有一天我不是老師了，還可以做什麼呢？」我開始寫作，每天在工作完回程的捷運上寫文章，寫到後來出版社找我出書，成為了作家；我開始接演講，利用課餘或是假日奔赴各地演講，從聽眾的熱烈迴響，我知道自己可以是講師。

當直面悲觀後，要樂觀地夢想還會難嗎？說真的，容易多了。出書後，我樂觀地夢想自己是暢銷作家；演講後，我樂觀地夢想自己是熱門講師；甚至，我開始夢想自己搞不好也可以是節目主持人，**因為悲觀會提醒我：**

「別只空想，去計畫！」

後來的故事你知道了，我辭去教職，成為自由工作者。時而寫作、時而演講、時而主持。我依舊樂觀，但也樂見悲觀。他仍然會嘰嘰喳喳在我耳邊叨唸：「萬一有天你江郎才盡，寫不出東西了怎辦？」「萬一有天你不紅了，沒人找你演講怎辦？」「萬一有天節目大家聽膩了，節目不受歡迎怎辦？」唉，還能怎辦，就只能杞人憂天般地預先計畫了，不是嗎？

你省下來的錢，都是流失掉的機會

以前當國文老師的時候，會教到一篇課文，那就是司馬光的〈訓儉示康〉。這篇是司馬光寫給兒子司馬康的文章，告誡兒子要節儉。身為老爸，自己當然要以身作則，所以司馬光也列舉了自己的節儉事蹟。

像是小時候，如果有長輩要給他穿戴華麗的服飾，我們光哥會害羞把它脫掉；這還不夠，司馬光二十歲考上進士，在朝廷宴請新科進士的聞喜宴上，每個人都會戴上由皇帝賞賜的簪花，但我們光哥節儉癌爆發，竟然覺得太奢侈而不戴。好險他的同梯人很nice，趕快提醒他那是皇帝賞賜的、不戴會出事，司馬光才勉為其難戴上。

節儉是美德沒錯，但當一個概念標榜過盛，往往就會出亂子。所以我在教這堂課時，並沒有選擇當司馬光的傳聲筒，弘揚他的節儉觀。反倒是讓孩子們玩一場辯論賽，辯論的題目就是「我認同／不認同司馬光的節儉觀」。讓孩子們自己去思考節儉的意義，以及過於節儉會導致的問題。

以為省下的花費，都在付出無形的成本！

舉個例子，我家熱水器曾經鬧彆扭，水開了半天熱水就是不來，搞得我洗澡像在蘇澳洗冷泉。後來請了專業的師傅來修，本想說應該是熱水器壞了，沒想到師傅用十元硬幣把水龍頭轉一下就搞定了。

我直呼不可思議，連忙問是怎麼一回事？師傅這才告訴我：「因為你們家的熱水器是水點式的，必須靠水壓來點燃。但如果水量太小，熱水就會點不燃。不知道是為了省水還怎樣，你們家的水龍頭螺絲拴得很緊，因此水量很小，熱水自然就不容易點燃。」我這才恍然大悟，可能前屋主以為這樣能省水，沒想到每次洗澡為了熱水，得開著水龍頭直到熱水來為止，但熱水遲遲不來，反而浪費了更多水。

生活中類似的事情太多了，因為節儉，你老是買便宜的鞋，但就是不耐穿，沒穿多久就破了，只能再買一雙。那倒不如一開始就買貴一些、好一點的鞋，不僅走路舒服，也可以穿更久，不是嗎？又或者你為了節儉，東西都買便宜的吃，但一分錢一分貨，能賣得這麼便宜，原料和製作過程通常有問題，吃久了身體出狀況，回過頭還不是得花錢去看醫生治病，真的划算嗎？

當然，每個人經濟條件不同，生活上的節儉還可說是無可厚非，但我真正擔心的，是對「人生成長性」的過於節儉。

等待的時間，也是一種浪費

比方身為作家，時常會跟讀者朋友交流，我最怕遇到的一種人是，跟你聊個老半天，除了自己的作品外，你也跟他推薦了許多好書。最後他說：「我有機會再去圖書館借借看。」來，考考你，你覺得問題出在哪呢？一本好書，作者花了這麼多心力去寫，讀完後直接汲取作者十多年的智慧，一本也不過才賣三、四百塊，但你連這樣的自我投資都要省嗎？

再說去圖書館借閱，借書是好事，不過很多人忽略了背後的時間成本。很多熱門好書，早就被借走了，後面排一堆人等著預約。我曾經看過有書籍的預借人數超過五百人以上，我的天！等你借到是民國幾年啊？等讀到都不知道落後別人多久的知識了。

因為知道知識是有時效性的，所以我很少借書，看到想讀的書，我都直接買。對我而言，花點錢用最快的速度讀到好書，遠比花時間預約借書、為了省那三四百塊的效益大太多了。**知識跟生鮮食品一樣，都有賞味期，用越快的時間入手烹調，就越是香味四溢。**不知道你有沒有發現，我在這本書裡引用的許多理論和方法，都是取自市面上的經典好書，書上架沒多久，我就買來讀完了，汲取概念精華，加入自己的體悟和經驗。若是我還跟著別人預借等書，那根本就不會有你現在讀的這本書，不是嗎？

真的想有所收穫的人，會主動花錢投資自己

如果一個人連書都捨不得買了，那更別說他會去上課增能，因為書已經是最低成本的投資，三四百塊就有了；而課程是講師畢生專業，一門好課，數千到破萬不等。我聽過一種說法，那些課程知識去 Google 或上 YouTube 查影片，搞不好就有了，還免費，把錢省下來，幹嘛花錢去上課？會說這種話的人，我很肯定的說，八成都不會真的去查、去學。就算真的

去做了，也只是過個水，看個感覺和心安而已，跟人家花錢去上課學習的成效天差地遠。

我曾經榮獲 Super 教師獎，你可以理解為教育界的金馬獎。很多人問我怎麼有這麼多創新的教學點子？答案很簡單，**對於精進專業，我從來沒在省錢。因為我知道，省下來的錢，都是流失掉的機會**；我花錢到處上課學習，不斷精進教學技巧：參加曾培祐老師和莊越翔老師的課程，學會了教學活動設計；報名羅亦耀老師的企業講師運課技巧，學會了如何讓課程質感更上一層樓；跑去跟楊田林老師學遊戲化教學，學會如何利用遊戲活化教學；我還去上了蘇文華老師的ＡＬ加速式學習，學會怎麼設計動靜皆宜的課程。

光是花在上課的錢，就超過六位數，但這對我不管是本業的講課教書、還是副業的演講授課，都有著突破性的成長。**當初這六位數的投資，轉化成我的技能後，如今早已連本帶利的賺回來了。**

也許在生活上的省錢，是美德沒錯；但在人生成長的路上，千萬別省錢！花錢買書、參加好課程、跟對好老師，你會發現成長後的自己，開源比節流來得更有效率，而且痛快！

你省下來的錢，都是流失掉的機會

生活上的節儉無可厚非，我擔心的是對「人生成長性」的過於節儉。買書是最低成本的投資，知識和生鮮食品一樣，有時效性、有賞味期，越快入手烹調，越是香氣四溢。

老說延遲享受，但有些享受根本不該延遲

「延遲享受」這個概念，出自於經典的「棉花糖實驗」。當時史丹佛大學的沃爾特・米歇爾博士（Walter Mischel）在這實驗裡，給孩子們兩個選擇：第一個選擇是立刻得到一顆棉花糖；第二個選擇是等待一段時間後，可以得到兩顆棉花糖。研究發現，那些願意等待的孩子，在未來人生往往有更好的表現，因為他們能做到延遲享受，展現自制能力。

也因此，後來「延遲享受」成為自制力的象徵，我們會要求孩子：「先把功課寫完，再出去玩。」「先把正事做完，才可以上網。」「現在多吃

點苦，將來才會苦盡甘來。」從養成良好生活作息的角度來看，延遲享受的確功不可沒。

「享受當下」何時成為一種罪？

不過我發現，有時候不知不覺，延遲享受變成一種輪迴。比方學生時代，我們告訴孩子要好好努力用功，考上好大學，將來就輕鬆了；等到孩子真的考上大學，我們又告訴他現在社會競爭激烈，不想被淘汰就要拚，等找到好工作之後就輕鬆了；結果孩子真的找到好工作，也沒的輕鬆，加班輪值是家常便飯。我們又告訴他，趁年輕趕快結婚生孩子，等小孩大了，你接下來人生就輕鬆了。

我們把對未來的享受變成一個餌，不斷垂釣在孩子面前，讓他跑起來，跑得越快越好，不要停。但享受何時兌現了呢？不重要，因為享受會耽誤人生，可以的話，把他當海市蜃樓就好。

不是你殘忍，而是因為你自己的人生，也是這麼過來的啊！一路上犧牲享受，努力求學、賣命工作、結婚生子、養兒育女，你不斷延遲享受，就怕有任何一個時間點耽擱了。**直到兒女長大，你終於卸下重擔，正要好好享受的時候，這才發現齒搖髮白，無福消受。**

我自己有個線上讀書會，叫做「歐陽 Talk 書秀」，每兩個禮拜為會員說本好書。我用這樣的方式逼自己深讀一本書，也不斷調整人生觀，**因為許多你以為的人生觀，其實是從小別人強加給你的，不一定正確、也不一定適合你。**只是你擺脫不掉，以為就該如此。但人生沒有理所當然，任何被過度標榜的價值觀，經過各種花式演繹，早就失去他的本質，成為逼人就範的枷鎖。

有次我在讀書會說了比爾．柏金斯（Bill Perkins）的著作《別把你的錢留到死》（*Die with Zero: Getting All You Can from Your Money and Your*

Life）。我敢說，那是我做讀書會這麼久以來，最挑戰大家認知的一次，包含我自己。為什麼？一般華人的概念就是要不斷存錢，捨不得花，為了以後養老。但柏金斯告訴你，應該要以「死前財產歸零」為目標，懂得花錢，才是最好的投資。我當時讀到也覺得不可置信，這樣不會太奢侈嗎？直到我往下看到他的推論，這才恍然大悟，原來對於人生，我們一直以來都搞錯了。

把錢花在值得回憶的體驗上

我這麼問好了，你覺得人生如果有個指標，那會是什麼？是累積了多少財富嗎？當然不是，因為那些財富，你死後也帶不走，他就只是個數字而已。柏金斯認為，人生就是「你體驗的加總」。**可以想像成人生是一座遊樂園，怎麼樣的玩家可以玩得最盡興？當然就是體驗最多項遊樂設施的**

人。所以我們人生的目標，不該是放在如何賺最多的錢，因為賺了花不到，那根本沒意義，而是應該「最大化」自己的人生體驗。

這時候，錢的意義也跟著浮現了。說穿了，錢就是要用來換取體驗，豐富你人生的總和，但不代表著亂買東西；要知道，「花錢買東西」和「花錢買體驗」本質上是不同的。柏金斯說，花錢買東西，你剛開始會興奮，但他會隨著時間貶值；花錢買體驗就不一樣，他會隨著時間真正顯現出其價值。

如何對抗「延遲享受」的老毛病？這時，你就要用「記憶股息」這概念來與之抗衡。《別把你的錢留到死》提到：「因為我們有記憶，所以體驗會產生股息。」就像是你投資股票，有些股票會有股息，拿到熱騰騰的股息很開心，可以選擇再把股息投入，進而擴大你的資產。

人生也是如此，**記憶是我們對自己未來的投資，為的就是讓生命更豐富**。把錢扣著不花，說要延遲享受，那將來你會發現人生的記憶是一片荒蕪。記憶之所以美好，就來自於你把錢轉換成體驗，而體驗創造了你和家人之間的回憶。在理解了這個道理後，我對人生的態度有一百八十度的轉變。我依舊認真工作、努力賺錢，但是更專注於創造體驗。

五歲的女兒Piupiu學到了雪的概念，跟我說好想要看雪喔！於是，我跟老婆開始著手規劃，帶她和弟弟喬治，趁著冬天，去日本北海道看雪玩雪，我永遠記得女兒看到雪時那幸福的表情。她很愛畫畫，出國玩回來之後，她的全家福畫作多了白雪紛飛。至今，我仍把那幅畫貼在家裡最醒目的地方，而這也是我最珍貴的「記憶股息」。

有些享受不該延遲，因為孩子會長大、而我們會老，但願在我們最健壯、笑得最開懷的時候，豐富人生體驗，那都將成為我們老年時，最珍貴的回憶資產。你說是吧！

你追求的穩定，正讓自己曝露在更大的風險

我從公立學校辭職之後，才發現，原來有辭職念頭的人還真不少。為什麼我知道？因為他們都跑來找我諮詢辭職的事，儼然我成為新一代職涯顧問。不過，有辭職念頭的人多，最後真的出來接案或創業的人少，因為生活穩定的誘惑，最終戰勝了冒險的不確定性。

自由的人生看起來美好，但請考量要付出的代價

比方我有一位朋友阿賢，在公家機關上班，有穩定的鐵飯碗，工作之餘，他也跟我一樣，喜歡到處上課學習。學著學著，學出點興趣，也想跟我一樣辭職，寫寫書或到處演講，過上雲遊四海的自由人生，於是他私下跑來找我請教。

「歐陽，你當初為什麼會想辭職啊？」阿賢問。

「原因很多耶，最主要是因為時間分配不過來。我在學校要帶班和上課，但還有很多想做的事，像是演講和做節目；加上兩個孩子還小，我學校離家遠，總要很早就出門，老是讓老婆照應也不是辦法。」我說。

「可是你辭職後，面對每個月薪水不再穩定進帳，家裡又還有小孩要養，不會焦慮嗎？」阿賢問到重點了。

「當然會啊！我離職的第一年特別焦慮，所以那時只要有演講就接，

一個月講二十場以上是常有的事，這幾年才慢慢調整工作和生活的平衡點。」我回想起睜眼閉眼都在演講的日子，不禁倒抽一口氣。

「怎麼樣，阿賢，你該不會想辭職吧？」我說。

「是有這個念頭，但我不像你那麼厲害，可以寫作、演講、做節目樣樣來，我怕會餓死啊！」阿賢透露對自由的嚮往，伴隨一點擔憂。

「哪有什麼厲害不厲害的啦，我也是邊學邊做，你看我們那時不是一起上教學技巧課嗎？我就學完之後，拿去課堂上試，試熟了再去外面演講場合用，慢慢累積出來的。其實，嘗試失敗的時候更多，只是我沒說而已。」我坦白地說出自己跌跌撞撞的過程。

「不過，你不覺得放棄鐵飯碗，以後沒有月退俸很可惜嗎？」阿賢問。

「一開始會啊，但後來我發現，現在的福利不等於未來的承諾。你看，退休制度不斷修改，月退俸也縮水不少。與其巴望著月退俸，我覺得出來靠自己的實力賺錢，再加上正確的投資，絕對比月退俸來得多。」我越說越熱血。

「這樣啊……」阿賢似乎被我說動了，陷入深思。

不過，最後阿賢還是選擇了穩定。他告訴我辭職的成本太大，父母都以他有鐵飯碗為榮，反對辭職。我能理解他的難處，當然寄予最深的祝福。

追求穩定沒有錯，但別用這個藉口養廢自己

別會錯意，我並不是要鼓吹你趕快離職，放棄穩定、痛快冒險一場。畢竟我自己可是當了十年的公立高中正式教師啊！如果沒有這段經歷，我又怎能累積自己的講課經驗，奠定日後離職的底氣呢？所以離不離職，要不要選擇鐵飯碗，從來都不是考量重點，**而是你知不知道自己真正想要的是什麼？**

有些人抱怨在體制內綁手綁腳，但又貪戀著穩定收入不想走，最後乾

脆擺爛，成了薪水小偷。但也有人在體制內求新求變，不計較得失利害，讓自己活得閃閃發光。像我很敬佩的吳宜蓉老師就是如此，她是國中歷史老師，但從來不是照著課本唸過去，而是想方設法，連結學生的生活經驗，讓他們更能貼近歷史。

比方講到戒嚴時期，吳宜蓉老師用「狼人殺」的概念，讓學生明白在那個年代，天黑請閉眼不是遊戲，而是人間蒸發的慘劇。她把這些課堂教學的巧思，寫成一本本好書，像是《開箱台灣史》、《這樣的歷史課我可以》、《歐美近代史原來很有事》。甚至，她還開設歷史教學YT頻道，錄製免費的課程讓學生補課或複習，不只造福自己的學生，還造福更多跨校學習的孩子們。

我想要說的是，**不要把穩定當作追求的目標**。明明不喜歡這份工作，但偏要用穩定來慰留自己；明明做到毫無熱情，卻用穩定來自我麻痺；明明心裡還有其他的夢想完成，卻用穩定顯得自己的無可奈何。你知道嗎？

你追求的穩定，正讓自己曝露在更大的風險中。

因為穩定，你知道自己不管做得好壞，薪水都是一樣，決定薪水多寡的主因是年資，**所以你養成「及格思維」，只要有做就好，不必盡善盡美。**看見別人多做，心裡暗笑傻瓜，覺得自己最聰明；有的甚至還擔心別人多做，顯得自己看起來很混，跑去嗆人家多做薪水還沒你高。

因為穩定，你失去了成長的動力。參加研習時總是心不甘情不願，心中的盼望是餐盒好不好吃？能不能提早簽退閃人？免費的研習都愛去不去，更不用說去外面花錢上課學習了。對你而言，能力和工作一樣，穩定就好，往上沒有意義，只是徒耗心力。

正是穩定，把一個人給慢慢磨廢了。當初進職場時，那個眼裡有光、心中有火的你，在不知不覺中黯淡消沉，成了讓人避之唯恐不及的遊魂。這樣的風險，我承受不起。

我想要的人生，有一關又一關的挑戰，因為那才能證明自己越來越強；我想要的人生，是一場又一場的冒險，因為冒險的背後意味著豐碩的獎勵。穩定，對我而言，就像心電圖上平穩的直線，只有在心臟停止跳動才該出現，怎麼能出現在你此刻還正蓬勃的人生裡呢？

你追求的穩定，正讓自己曝露在更大的風險

別把穩定當成追求的目標，明明不喜歡、沒熱情、還有其他的夢想，卻用穩定當作無可奈何的藉口。要不要離職不是考量的重點，而是知不知道自己真正想要什麼。

你不想成為更好的自己嗎？我夠好了，謝謝

最近發生一件事，有網紅在YT發影片，因為風格跟之前大不相同，再加上說了一連串讓人摸不著頭緒的話，連聲音語調都變了個人似的，引起大家懷疑：這位網紅是不是加入邪教？或是參加了有問題的心靈團體？

事情持續延燒，許多人紛紛跳出來，分享自己過去參加心靈成長課程的經驗。稍微統整一下，不難發現，有爭議的心靈課程手法幾乎如出一轍。首先，課程至少分三到四個階段，每個階段都有不同名目，課程單價也越來越高，全部上完至少十萬跑不掉。其次，課程講師會先讓你覺得自己不夠好，

要嘛透過自我覺察，發現自己缺點；要嘛就是講師責罵批評，讓你對講師產生依賴。最後，到後面階段，講師會要求你拉人來上課，美其名一起成為更好的自己，實際上就是直銷拉下線的概念。如果你不從，就會嫌你人際關係差。很多人因為置身這樣的群體之中，在「權威效應」和「群眾效應」的作祟下，既不敢質疑講師權威的正當性，又看著大家都這樣做而不敢違抗。明明付不出貴到嚇人的學費，竟然還跑去借錢上課。讓人直呼不可思議！

快樂和成功的標準，是誰定義的？

當然，從事後諸葛的角度來看，你可能會想說，這麼粗劣的手法，怎麼會有人前仆後繼地上當加入呢？如果你這麼想，那就太不懂人心了。人心有堅強，但更多的是軟弱，當人遇到重大打擊時，往往會想尋求心靈的支撐。而這些打著心靈成長名義的問題團體，就抓住這個軟肋。一開始先讓你有歸宿感，等你產生依賴後，開始軟硬兼施，時而溫柔，時而責備，讓你服從權威和指令。

尤其一開始，看著對方真誠的眼神，對你提出靈魂叩問：「你不想成為更好的自己嗎？」如果說不想，好像顯得自己不夠上進；可一旦你說想，那就正中對方下懷，開始一連串花式行銷，拉你上課入會。我跟你說，最好的回應方式是告訴他：「我覺得自己夠好了，謝謝。」

千萬不要覺得這樣是不是太自我感覺良好，你必須認清兩件事：**第一，「更好」是追求不完的，就跟財富一樣，你再怎麼賺，一旦跟別人比，永遠都會有人比你有錢。第二，「更好」不該由對方定義，而是你說得算，**除非你不知道自己想要的是什麼，那就容易落入對方的「定義陷阱」。

當然，人有上進心，想要成長追求幸福，本來是好事。但問題是，我們很容易被「老舊的幸福觀」給綁住，這個概念出自於史蒂芬妮·哈里遜（Stephanie Harrison），她專門研究幸福觀，曾任教於賓州大學，後來成立「新幸福公司」，致力於正確幸福觀的推廣。什麼是「老舊的幸福觀」呢？其實你一點也不陌生，環顧四周，那些時常迴盪你腦中的聲音：「你要完美無瑕！」「你工作要勤奮不懈！」「你得乖乖遵循這套規矩！」「你要賺越來越多的錢！」「你要跟別人競爭而且勝利！」史蒂芬妮指出：「我們社會對幸福的拙劣觀點，正是我們如此不快樂的原因。」

事業成功的人就一定幸福嗎？知名前NBA球星俠客歐尼爾（Shaquille "Shaq" O'Neal），你看他在球場上稱霸禁區，無人能敵；引退後擔任球評和主持人，談笑風生。但是事業如此成功的他，竟然在一次訪談說出自己的內心話：「我孤家寡人住在一間八百四十三坪的房子。你覺得我不知道自己搞砸了嗎？」再比如金球獎影后黛咪・摩爾（Demi Moore），演出多部知名電影，像是《第六感生死戀》（*Ghost*）、《魔鬼女大兵》（*G.I. Jane*）、《霹靂嬌娃2》（*Charlie's Angels: Full Throttle*）和《懼裂》（*The Substance*）等，但她曾因婚姻失敗而深受打擊，沉溺於酒精和毒品，藉此麻醉自己，並曾有感而發地說：「不管我怎麼成功，我都覺得自己不夠好。」

建立屬於自己的「新幸福」

那麼，怎麼從「舊幸福」的牢籠掙脫出來呢？史蒂芬妮在《為何成功了，還是不快樂？》（*New Happy: Getting Happiness Right in a World That's Got It Wrong*）提出解方，那就是當你看見那些舊幸福的案例出現時，立刻驚呼：「哇！那真的有夠舊幸福的耶！」比方你照鏡子，覺得自己長得不好看，就說：「那是舊幸福的觀點，不是我的想法。」當別人要你更努力拼命工作，你可以告訴自己：「那是想要騎在我頭上的舊幸福。」又或者你滑臉書、IG，看到別人在那邊炫富，曬精品包和名車，你可以對自己說：「我同情他們，他們一定覺得自己被舊幸福綁架了。」

只有先從舊幸福的牢籠掙脫，你才有可能投奔「新幸福」的懷抱。那要怎麼樣擁有新幸福呢？你可以從日常生活裡很簡單的三個問題開始：

第一個問題是：「我能幫什麼忙呢？」

社會學家涂爾幹（Émile Durkheim）曾說：「利他主義不只是社會點綴，更是其基礎。」光是伸手去幫助別人，就能讓幸福感從心中湧現。

第二個問題是：「誰幫過我呢？」

人若老是記仇記恨，是幸福不起來的。把眼光投向那些曾幫助過我們的人，你會湧出滿滿的感恩，而那正是幸福的源頭。

第三個問題是：「別人在幫什麼忙？」

新聞為求流量，老充斥著壞事，但那不代表好事不存在。你可以養成習慣，留意並且分享你見證的好人好事。

留心那些老愛提醒你成為更好自己的人，更好不該由他們定義，你才是自己的主人。當然，你也不用跟他們解釋這麼多。下次遇到，就給他們一個不失禮貌的微笑，自信地回說：「我夠好了，謝謝。」

六十歲健步如飛比起三十歲氣喘如牛，哪個老？

有回跟朋友聊天，聊到健康話題，友人A有感而發說：「什麼長命百歲，我才不要活那麼老咧？」我好奇說：「活久點多體驗人生不好嗎？」友人搖搖頭說：「當然不好，你想想，活那麼老，身體器官都退化了，寸步難行，什麼都無法自理，多沒尊嚴啊！」大家紛紛附議。

我想起前陣子劉德華來台開演唱會，最後感性地對歌迷喊話：「只要你們願意我就繼續唱，只要你們願意我永遠陪在你身旁。我想你們看到我到一百二十歲，因為我想看你們變老。」講著講著，天王哭了，台下的四十年老粉絲們也一起哭成一片，畫面說有多感人就有多感人。

我不是劉德華，但我也在想著，此刻讀著這本書的你，只要你願意我就繼續寫，你一路從我的青澀開始讀起，見證我在教室裡揮灑教學創意；然後看著我瀟灑辭職，展開華麗冒險；再看著我當爸以後，俯首甘為孺子牛；漸漸有一天，我可能開始老年書寫，寫起父母如何面對空巢期、如何讓自己人老心不老之類的主題。在那一刻，我們都兩鬢飛霜，漸漸老去。

但其實，我不是那麼服老的人，更不喜歡用老讓停下腳步合理化。像是跟學生一起打全場籃球，我不喜歡那種半開玩笑的方式說：「退防追快攻交給你們，我老了跟不上了。」然後等到進攻，一拿到球又生龍活虎。那哪裡是老，根本只是不想防守。當然，有各種數據說法紛紛指出，「人的體能巔峰是二十多歲，三十歲是體能下滑的開始」，還有「人體肌肉量過了三十歲後，每年平均流失二%到四%」，從這個角度看來，年過三十後，身體開始老化似乎是不爭的事實。

不過有時我在想，**難道老只能用年紀來定義嗎？**四十歲比二十歲老，六十歲比三十歲老，可是今天如果一個六十歲的人，依舊健步如飛，還能翻山越嶺；比起一個三十歲的人，走個幾步就氣喘如牛，爬個樓梯就上氣不接下氣。這樣說起來，到底誰比較老呢？

身處長壽世代，抗衰老是必修課題

直到我偶然間讀了彼得．阿提亞（Peter Attia）的著作《超預期壽命》（*OUTLIVE: The Science and Art of Longevity*），這問題才有了解答。彼得．阿提亞的人生很傳奇，他畢業於史丹佛大學醫學院，後來在約翰霍普金斯醫院受訓和執醫，專業並拚命的他，曾獲得年度最佳醫師的殊榮。但在行醫的過程裡，他發現傳統醫療系統的無能為力，怎麼說呢？都是等病人身體出問題了，醫生才開始診治醫療，但很多時候，身體機能已經整組壞光，只能用藥物延續生命。這也使得很多病人的餘生，幾乎是動彈不得，受盡折磨。

因此阿提亞決定跳脫傳統醫療系統，創立Early Medical，實踐他心中的「醫療三．〇」，透過縝密的研究和數據，打造一套抗衰防老的策略，幫助人們可以提前預防，甚至逆齡而上，這也使得阿提亞成為長壽醫學的權威。

關鍵來了，如果想要長壽健康，有沒有什麼指標可循呢？還真的有。這個指標叫做「VO2MAX」，也就是「最大攝氧量」，代表你利用氧氣的最大效率。當一個人最大攝氧量越高，就能消耗越多氧氣製造身體所需的燃料，當然能做的事情也就越多。一個普通四十五歲男性的最大攝氧量，平均大概是四十毫升／公斤，但是如果是耐力運動員，他們的最大攝氧量高達七十毫升／公斤。更驚人的一項數據指出，最大攝氧量低於平均值的人，死亡風險比起最大攝氧量在前四分之一的人高出兩倍之多。

現在你知道逆齡的秘訣了，問題是，**最大攝氧量有辦法提升嗎？幸運的是，當然可以，而且永遠不嫌晚。**阿提亞指出，首先你得先為身體打地基，開始做「二區運動」。

二區是在耐力運動中，教練給運動員計畫的五個強度等級之一。每個人進入二區運動的狀況不太一樣，對於很久沒運動的人，稍微慢跑就喘了，但對於有習慣運動的人，即時提高跑速也能面不改色。**關於「二區運動」，你可以抓一個概念，那就是配速介於輕鬆和適中的有氧運動。大概就是你在二區運動時，還能跟人交談，但交談起來略嫌吃力。**可以藉由慢跑、游泳、騎腳踏車進行二區運動；但運動的頻率是關鍵，阿提亞建議最好每週四次，一次四十五分鐘左右。

當養成「二區運動」的習慣後，那麼就可以加入「最大攝氧量」的訓練了。訓練的方式很簡單，如果你是用跑步機，先以你能承受的最大配速跑四分鐘；接著再以輕鬆地慢跑四分鐘，讓心率低於每分鐘一百下。如此重複四到六回，維持每個禮拜進行一次到兩次的訓練，你的最大攝氧量自然就會提升了。這也代表，縱使你的年紀變老，但身體卻越活越年輕。

最後說個故事勵志一下吧！法國有位名叫馬爾尚的老爺爺，一百零一歲的時候還在騎自行車，順便創下了一個世界紀錄：一小時騎了二十四點二五公里。但他老人家不服氣，覺得自己還可以騎得更快更遠，於是依照教練和生理學家的指示和計畫，兩年後，一百零三歲的他打破自己的紀錄，一小時騎了近二十七公里。而他的最大攝氧量更是從三十一毫升／公斤，提升到三十七毫升／公斤。這樣說你可能很難理解，換個說法好了，他的最大攝氧量是八十歲男性裡的前二點五％，問題是，他的年紀已經超過百歲啦！

可以的話，我們別服老，寧可當六十歲還健步如飛的年輕人，也別當三十歲就已經氣喘如牛的老人。

人生沒有理所當然，寫給努力未果的你

小時候很愛看《第一神拳》，一直想體驗站在擂臺上，好好打一場拳賽的感覺。但是一來忙，二來我也很怕痛，這個夢想就一直拖著，直到去年我想起這個夢想，決定開始練拳擊。一開始真的菜味十足，手綁帶都不會綁，拳沒打幾下手腕就痛。但我的拳擊教練阿燁耐心十足的教導，給了我很多鼓勵和心理建設。就這樣不知不覺練了一年，教練說我可以參加比賽挑戰一下，我考慮了很久，最後答應了，展開兩個月的備賽旅程。

可以控制要多努力，但控制不了最後結果

這絕對是我人生裡，最精實的一段日子。為了在場上拿出好表現，我每個禮拜上一堂拳擊課，磨練技術；上一堂健身課，強化體格。但我知道這樣遠遠不夠，所以在工作之餘，我每天想辦法撥一小時鍛鍊。在家打啞鈴空拳、戴拳套打牆壁、做伏地挺身一百下，每次練完汗都是用噴的，但看著自己的拳漸漸變快，那種成就感戰勝了身體的疲憊。

除了練拳之外，備賽最辛苦的就是體重控制，我之前體重接近七十八公斤，為了打這場比賽，我必須把體重降到七十一公斤以下。所以我開始調整飲食習慣，不喝拿鐵，改喝黑咖啡；食物不加調味料，避免高鈉；盡可能攝取蛋白質，吃雞肉喝豆漿，過著宛如苦行僧的生活。就這樣熬到比賽日，我把我所能做的準備都做了，體重也順利降到七十點六公斤。

上場前，教練告訴我，第一次打比賽會有種神奇的感覺，就是手腳會

不聽使喚，所以你要做的，就是把手拿高，防守做好。我嘴上說好，但其實心裡很緊張，也意會不來教練的意思。

雙方碰拳之後，比賽開始，我還在想要試探對手，對手的拳就如狂風暴雨般襲來，跟我想得完全不一樣！我只能勉強防守，稍微還幾個拳。對手一陣暴拳過後，這時我想應該可以探頭，觀察一下狀況。手才剛往下放，忽然對手一記右勾拳進來，精準地敲在我的下巴，瞬間一暈，我被擊倒了。

裁判開始讀秒，我晃了一下後趕快站起來，正準備再戰時，看見我的毛巾已經在場上了。原來，教練顧及我的安全，提前幫我丟毛巾棄權了。

就這樣，**我練了一年的拳擊，密集備戰兩個月的努力，在拳臺上一分鐘左右就結束了。那種感覺很奧妙，就覺得，啊，結束了嗎？**我練半天的組合拳還來不及打、我練出來的腹肌還沒吃到 body shot、我練很久的腳步還沒機會秀出來呢！

但結果就是如此，**人生沒有理所當然。你花時間努力的投入，不一定**

能如期展現在成果上。這是我人生第一場拳賽，我慘敗、一回合都沒撐過。

賽後，教練是過來人，知道我打擊不小，陪了我很久，說了很多鼓勵的話。我的對手也很 nice，跑來關心我狀況，他年紀比我大，還能打出這麼精彩的拳，這是我很佩服的。後來，老婆特別帶我去吃超美味的雞湯鍋，她最清楚我這兩個月來付出的努力，而我終於可以吃有味道的食物啦！

願意為喜歡的事情付出努力，你就是戰士！

雖然說沒有遺憾，我能做的都做了，但是腦海裡還是會不斷播放著自己被對手擊倒的那記右勾拳。我這時才理解，教練說的手腳不聽使喚，手要拿高、防守做好的意思了。有時候，真的痛過一次就學會了。說不沮喪是騙人的，畢竟自己用心投入很多，但我也知道，別人也許比我更加努力。

我突然想起，女兒 Piupiu 前天睡覺時，突然跟我們聊到她的心事。她說她覺得自己都一直輸，我說你很會畫畫啊，她說可是班上小美畫得比她好；老婆說你很會背唐詩啊，她說可是班上小豪背得更多。那時我很理所當然跟她說：「不要跟別人比，跟自己比就好啦！」

「我知道啦，我只是很不喜歡輸的感覺……」女兒嘟起嘴咕噥地說。是啊，現在我懂女兒的感覺了，而這也成為我如今的課題。

主辦單位很貼心，勝者獎狀寫冠軍，敗者獎狀上寫著優勝。雖然輸了比賽，但回頭看這段過程，我的人生的確拿下更多優勝：

我成功站上拳臺、
我養成運動習慣、
我找回健康飲食、
我成功減了八公斤、
我認識很棒的教練和拳友、
我可以保護自己的家人……

還有還有，我得到可以說嘴一輩子的挫敗故事。

拳賽完那天晚上，我在浴室陪 Piupiu 刷牙時，我下意識的又揮了幾個空拳。Piupiu 看到後不解地問：「拔拔，你拳賽不是打完了嗎？」我愣了一下，這才笑著告訴她：「對啊，拳賽打完了，拔拔輸了，心情很難過，**不過我還是很想把喜歡的事做好。**」Piupiu 似懂非懂，但有一天，她會懂的。不急，爸爸也是活了三十幾年才懂啊！

不是每次努力，都會得到令你滿意的結果。畢竟，人生沒有理所當然，命運充滿著變數。也許你曾全心全意投入一件事，想像著成功的畫面，但挫敗卻在毫無防備之際，一記右鉤拳擊倒了你。你不可置信，接著萬念俱灰，陷入自我懷疑。這些我懂，因為我都經歷過。你想讓自己哭一場、沮喪一陣子，都ＯＫ的，沒人會說什麼的；只是我想告訴你，努力未果也許一時殘忍，但這些養分終將讓你的生命更沉穩。套一句動漫《葬送的芙莉蓮》裡矮人戰士艾冉所說的：「努力過的人，都是戰士！」所以，為自己舉杯吧，戰士們！

你就是太有用，才沒發現有些時間不該拿去用

有次跟朋友阿頓聊天，他跟我一樣，從原本工作辭職，開始接案講課。他專業有料、能言善道，所以邀約如雪花般飛來，一天講個兩場是常態，三場也見怪不怪。我問：「阿頓，出來接案演講的感覺怎麼樣？」他眉飛色舞地回答：「超棒的，不用過著朝九晚五，每天打卡上班的人生，可以自己安排行程的感覺真好！」我點點頭說：「這就是我當初決定轉換跑道的原因啊！」

「不過歐陽哥……」阿頓支吾了一下。「怎麼？」「也沒什麼啦，你

會不會有種在外面講太多話，回到家都不想講話的感覺？」阿頓反問我。

「哦，你有這種狀況嗎？」阿頓接著說：「就有時候，我老婆會說我怎麼回家都不說話，而且好像沒什麼耐心……」我拍拍阿頓的肩膀：「恭喜你，準備進入下一個階段了。」他露出一頭霧水的表情。

把全部時間用在「輸出」，很快就會耗盡

很多人以為自由工作者可以過上自由自在的生活，其實錯了。自由工作者第一年的生活，基本上沒有自由可言。為什麼？因為收入問題就擺在眼前，你連收入都沒有，拿什麼讓家人安心啊？所以我辭職成為自由工作者的第一年，基本上是有案就接，有演講就跑。常常是早上送完老婆孩子上班上學後，就趕去高鐵站跑中南部演講，演講完後，在高鐵上沉沉睡去返回臺北，簡直把高鐵當捷運在搭。

當然，收入是穩定了，可是因為長時間站著演講，加上往返通勤，回到家後真的六神無主。女兒呱啦呱啦跟我分享幼兒園的事，我只是哦哦的回應，根本沒聽進去；老婆要我幫些什麼忙，我說好累、等一下再弄可以嗎？更可怕的是，因為都在工作，沒時間運動，體重直線上升，一度來到八十公斤。

我才驚覺，這是當初離職成為自由工作者的本意嗎？不是吧！我想起以前曾經上過孫志華老師「職業講師的商業思維」課程，他提到一個概念很有意思，就是你要懂得設定營收，再回推接案時數，一旦達標了，就不要再接，讓自己保有餘裕。

比方說以接演講為例，公部門演講費一小時兩千元，一場兩小時有四千元。假設你給自己訂的月營收是十萬元左右，就回推這樣一個月要接幾場：十萬除以四千等於二十五，也就是說你一個月最多接二十五場。換算成一個禮拜平均接六場左右，你就可以分配，哪些天接兩場、哪些天接一場、哪些天不接演講。如果沒這樣去設定，很容易無上限的一直接案子，把時間都填滿，但卻沒留時間讓自己休息和增能。

後來我開始調整接案方式，設定好自己的月營收，推算出單月接案最大數量後，一旦達標，就算可以增加收入也不接，因為我得把多出來的時間留給自己調整狀態。

看起來沒用的事，其實是最重要的事

我發現，**有時候我們就是太在意自己有沒有用，好像看見行事曆密密麻麻的，才感到欣慰，覺得自己真棒、好有用、大家少不了你。**但也正因為如此，讓你反而沒發現一件事：有些時間，根本不該被別人拿去用。好比休息的時間、運動的時間、自我對話的時間、提升自己的時間……等。

蔡康永在《你願意，人生就會值得》有句話說的真好：「當我們把心力都拿來『派上用場』時，我們怎麼還有耐心或意願，做這些沒用的事：跟自己變熟、跟自己相處……」所以他建議我們，要為自己製造誰都不能拿去用的時間。是不是每天只使用二十三小時，有一小時是不能拿來用的呢？你不用跟別人解釋為什麼這時間你不行，因為時間是自己的，你想怎麼用就怎麼用，不必滿足社會的期待，以及別人的眼光，這就是你專屬的「無用時間」！

意識到「無用時間」的價值後，每天我給自己設定一段無用時光，在這段時間內盡情做我想做的事，他跟提升收入無關、跟培養人脈無關、跟拓展事業無關，**單純是我喜歡，想把這件事做好**。

比方有一年我想學拳擊，就跑去報名拳擊課，請教練指導我，時間訂在每週某天下午。那個時間，除非是緊急狀況，不然誰都不能拿走。練著練著，我發現每個禮拜一次的拳擊課，就算你學到教練的技巧，但沒有經過大量練習，是不會刻進你的骨子裡的。所以我開始在每一天，偷偷塞進一段無用時間，這段時間就像是動漫《七龍珠》的精神時光屋，雖然不像動漫裡那樣，進去一年外面才過了一天，但至少不受打擾，你可以專心修練。我利用這段「無用時間」，把想學的拳擊練好，打啞鈴空拳、壓力帶訓練、做伏地挺身、強化核心等。每次都練到汗流浹背，但卻累得很有精神，跟把時間全用在工作奔波的累完全不一樣。

回去翻開你的行事曆，如果你驚覺它密不透風，來，拿起立可帶，把一些可有可無的行程抹去吧！你就是太有用，才沒發現有些時間，根本不該被任何人拿去用。每天為自己創造一段「無用時間」，你會發現原來人生除了工作外，還可以如此精彩！

你就是太有用，才沒發現有些時間不該拿去用

看到密密麻麻的行事曆，才覺得自己真棒、好有用嗎？休息、運動、自我對話、提升自己……留一些時間出來，給自己調整狀態吧！

PART 2

從容又不委屈的處世技巧

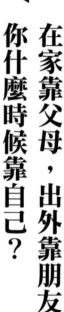

在家靠父母，出外靠朋友。你什麼時候靠自己？

我不知道你有沒有遇過這種人：跟他講件事，他馬上就說：「噢，這事簡單，我有個朋友就做這行的。」不然就說：「開玩笑！我誰啊？交一堆朋友不是交假的。」但真要進一步洽詢，他不是推說改天問問，就是說朋友很忙，最後你的問題還是沒解決，倒是先讓他顯擺一波了。

請別誤會，我並不是說引薦朋友不好，要是我真的幫不上忙，也會引薦其他朋友幫忙解決啊！問題是，上面這種人的心態，往往帶有一種自我優越感：「你看，我認識那麼多厲害的人，我很行吧！」但搞不好，他們就只是一面之交，或是同個場合碰過面，根本還稱不上人脈。只是在必要時刻，這位他嘴裡厲害的朋友，變成他「特級廚師」的臂章，專用來眩人耳目罷了。你真要他做點拿手好菜，他會跟你說還是叫 UberEats 吧！

這種人還有種變化形態，就是超愛跟名人拍照，時不時秀出來，讓你覺得他好像很有料！欸，不是，有料的應該是名人，而不是他啊！而且你怎知道，他是在什麼樣的場合跟名人合照的？搞不好只是在哪蹲點，逮住機會、巴著人家合照，人家不好拒絕而已。

找得到人靠，也是種本事

偏偏這招很好用，在《影響力》（*Influence, New and Expanded: The Psychology of Persuasion*）這本書裡，提到一個概念叫做「權威原則」。什麼意思呢？也就是我們在面對權威時，時常不由自主地服從其命令。書裡舉了個有趣的例子，曾有個演員拍了醫療劇爆紅，藥廠找他來拍咳嗽藥水的廣告，結果你知道嗎？這藥水的銷售量竟然大幅提升。

我們比自己以為的更容易相信權威，即便眼前的這個人不是權威，只是跟權威人士合照，我們也會不自覺得說服自己：「他一定很厲害，不然怎麼可能跟這麼有名的人合照！」如果這人只是你朋友，跟你說嘴吹牛也罷，但如果他帶有目的，比方要你拿出一筆錢投資什麼的，相信我，你最好把荷包看緊。因為太多的騙局，都來自「靠朋友」、「靠名人」的光環。

當然，上面這種靠，多少還有點包裝的本事。可是另外一種靠，更貼近於一般大眾的蒼涼和悲哀。不知道你有沒有看過《我不是藥神》這部電影，簡單說一下故事劇情：男主角程勇是一間印度神油店的老闆，有次，一位白血病患者請他幫忙從印度帶一批仿藥。走私是違法的，但因為程勇家裡需要錢，就照做了。因為原藥廠的藥很貴，而仿藥便宜療效又相同，所以程勇的走私生意意外興盛，也幫助到許多沒錢買原廠藥的白血病患者。

不過，最後東窗事發，程勇被抓到，判刑入獄五年。這時，令人動容的一幕出現了，在他入獄途中，有上千名因他走私的藥而得救的人，夾道目送程勇，向他感謝。誰能想到，一個走私的藥販子，不容於法卻意外救了許多人。

如果這部電影你看得仔細點，會發現表面上，每個上門跟程勇求藥的人好像都很可憐，當他因為被威脅而不得不停賣，一個個病人上門哭訴，彷彿程勇斷了他們生路似的。他們用各種關係，想要靠著程勇得救；卻沒想過，他冒著風險批藥，全靠自己。他們沒有想過，怎麼靠自己找藥源、怎麼跟藥廠接洽、怎麼幫忙他。最後入獄的是程勇，他們也只能無聲地致意。

沒有一座靠山是絕對可靠的

這個觀點我是在劉潤的《勝算》讀到的，劉潤說的好：「傳統思維的死結就在一個『靠』字，在家靠父母，出外靠朋友，靠什麼都行，就是別靠自己。」是啊，靠自己太累了，而且還不保證會成功，還不如靠父母的庇蔭、蹭朋友的光環，順便收割對方崇拜的目光，穩賺不賠的生意，不賺白不賺。

但你要知道，**靠別人充胖子，遲早有一天會消氣的**。我很喜歡的動畫《我獨自升級》，故事在講述異次元的傳送門在人類世界到處開啟，裡頭充斥著各種妖怪。人類出現了一種新興職業叫做「獵人」，專門獵殺妖怪，藉此關閉傳送門，避免世界遭受襲擊。

主角成振宇雖然是獵人，但非常弱，弱到被戲稱「人類最弱兵器」。但為了打怪賺錢，他不得不跟著出任務，靠著強大的隊友生存。直到有一次，他所屬的獵人團遇到強敵，差點滅團，他才意識到唯有靠自己的強大，才能在這險惡的世間活下來，於是展開了一段自我的修練之旅。

當然，我必須承認，有家人和朋友可以靠，也許是你前世修來的福氣；但我更想告訴你的是，今世的福氣，是成為你家人和朋友們可以依靠的強大存在！

在家靠父母，出外靠朋友。你什麼時候靠自己？

靠自己真的太累了，靠父母的庇蔭、蹭朋友的光環，而大眾比自己以為的更容易相信權威，不靠自己，就能收割一堆崇拜的眼光，不賺白不賺。然而靠別人來充胖子，遲早有一天會消氣的。

誠實為上策，其實還有上上之策

我的朋友光文是高中數學老師，認真教學而且極富創意的他，榮獲Super 教師獎的殊榮。但更特別的是，他內心有個作家魂，每天不是在教數學，就是在寫文章，把課堂妙語、人生哲理全寫下來，分享在網路上。寫著寫著，他被編輯看到了，邀請他出書，還真的成為一位作家！

我比他還雀躍，立刻邀他來我節目打書。不過當我準備拜讀他的新書時，一看到書名，瞬間愣住，因為上面寫著「請不要優先選擇誠實」；你很難想像，這是出於一位老師的真心話。我納悶著，不是從小到大，父母和老師都告訴我們要誠實嗎？光是華盛頓砍倒櫻桃樹，勇於向爸爸坦承的故事，都不知道讀幾遍了。那句格言「誠實為上策」，更是言猶在耳，那麼，光文怎會要我們「不要優先選擇誠實」呢？

帶著心中的好奇，我問光文為何會這麼說，他笑了笑告訴我：**「有時我們以為的誠實，其實只是不經思考的直覺反應，根本沒考慮這話會帶給別人怎麼樣的傷害。」**

比誠實更需要考量的，是良善

突然間我理解了，回想起自己當老師的時候，處理過不少學生之間的人際衝突，起因還真的都是這種不經思考的誠實。比方男生原本開開心心一起打球，結果打輸了，開噴隊友說：「你真的很爛耶，那球沒人守你還投不進！」隊友一聽氣個半死，回嗆：「你還好意思說我，你防守跟監視器沒兩樣，只會在那邊看，放對方進來，我們根本就四打五。」本來是最好的隊友，搞到最後變成最熟悉的陌生人，老死不相往來。

不過這種嘴上直接開噴的衝突還好處理，最難處理的是那種「社群網戰」，比方小美跟小芳鬧不愉快，結果小美回去在ＩＧ小帳暗指小芳三八。這裡說明一下，學生的ＩＧ常分大帳和小帳，大帳就是公開版面，大家都看得到；小帳是私人版面，只有少數人才看得到。也不知道是什麼心態，小美覺得心中怨氣不得不發，但在大帳發作太明顯，乾脆在小帳罵就好。這時跑出一個好事之徒叫小花，她看得到小美的小帳內容，自以為誠實的跑去跟小芳說，小芳氣死了，也在自己的小帳回嗆。小花就這樣在他們之間稱職地當誠實的傳聲筒，就這樣把事情搞到一發不可收拾。

光文跟我一樣，看過太多打著誠實旗幟，卻行傷害之實的人。所以他有感而發的說：「選擇良善，或許讓人覺得無趣，但我相信無趣的良善，比自認有趣的傷害好多了。」對，誠實為上策，但其實還有上上之策，那就是「良善」。

不那麼誠實的良善，其實有個專有名詞，叫做「白色謊言」。相較一般謊言目的只是為了讓人猜不透你，**白色謊言其實是一種「利社會謊言」，因為在我們表達的當下，會動用同理和慈悲，來避免對方受到傷害。**美國芝加哥大學行為科學副教授艾瑪萊文（Emma E. Levine）曾表示：「建立人之間信任的首要關鍵是慈悲和善良，並非誠實。」

比起無腦的誠實，人們更需要善意的謊言

這讓我想起「厭世國文老師」，曾經逗趣分享導師給的期末評語，其實背後本來想說的實話是什麼，列幾個給你笑一下——

- 心思細膩：觀察與思考詳盡周密

↓導師厭釋義：①想太多，愛計較，也會記恨。②為什麼他可以我不行。

●性情耿直：性格正直

↓導師厭釋義：①說話太直接，容易得罪人。②我只是說實話啊。

●胸懷大志：擁有遠大的志向

↓導師厭釋義：①說得到，少做到。②我認真起來連我都會怕。

●不拘小節：不被生活上的細節所拘束

↓導師厭釋義：①日常生活習慣不好。②地上不要亂丟衛生紙。

布萊恩・史蒂文森（Bryan Stevenson）曾在TED演講分享他如何成功的故事。史蒂文森九歲的時候，有一次外婆帶他到一個小房間，單獨對他說：「布萊恩，我發現你跟其他孩子比起來非常不一樣，我認為你將來不管做什麼都會成功。但你想達到那樣的成就，必須答應我三件事。」史蒂文森一聽，開心地不得了，沒想到外婆竟然看出他的潛力，連忙答應外婆。外婆接下來告訴他的三件事分別是：第一，你要永遠愛你的媽媽。第二，你必須永遠做正確的事。第三，第必須保證，永遠都不要喝酒。

史蒂文森答應外婆，他一定會做到這三件事。後來等他長大後，有次跟表兄弟們聚會聊天，大家聊得起盡，喝起啤酒，也給他倒一杯。但史蒂文森堅持自己不喝酒。這時表哥突然說：「等等，布萊恩，你該不會是信了外婆跟你說的話吧？他是不是說你很特別，要你答應三件事情？我跟你說，他跟我們每個人都這麼說。」

外婆也許不夠誠實，但她的良善謊言，讓史蒂文森真的相信自己無可限量，後來他專攻法律，成為人權律師，為數十起冤案成功翻案，把死囚拯救出來。而他的事蹟，被拍成了電影《不完美的正義》（*Just Mercy*）。

是的，誠實為上策，但永遠別忘了，你還有上上之策可以選。

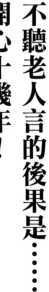

不聽老人言的後果是……開心十幾年！

在我還是高中老師時，畢業前夕，我帶孩子們進行「潛力迴紋針」的活動。我把裝滿水的杯子放在講桌上，然後拿起一根迴紋針問大家：「你們猜猜看，當我把這根迴紋針放進杯子裡，水會不會滿出來呢？」孩子們立刻七嘴八舌地說：「當然會啊！」接著，神奇的事發生了，我把迴紋針放進杯裡，結果一滴水也沒漏出來，大家瞠目結舌。

我邀請每個孩子上台，拿著一根迴紋針，請他們說出高中三年，自己學會最重要的事是什麼，說完之後，再把迴紋針投進杯子裡。小芬說：「我學會了如何好好溝通。」小康說：「我學會了時間管理。」小靜說：「我學會了如何維持一段關係。」他們的迴紋針此起彼落地放進杯裡，水面依舊文風不動。到了最後，全班四十五根迴紋針都在杯子裡，水竟然一點也沒漏出來。

我告訴孩子們：「你們知道嗎？這杯水就象徵著你們的潛力，**當你們以為自己已經到了極限，但其實這只是起點**。所以，你們要相信自己擁有無限潛力，盡情去嘗試，並且堅持下去。」孩子們聽得熱血沸騰。

有一種沉重的關心，叫做「為你好」

不過，這活動中間有段插曲，正當輪到小翔上台時，他說：「這三年來，我學會了如何放棄。」全班聽到愣住，想說他怎會這樣說呢？但只有我知道小翔這話背後的沉重故事。

那時，大學放榜，小翔申請上管理科系，但他真正想讀的，是景觀設計系。只是小翔爸爸告訴他，念那科系沒前途，自己是開工廠的，深知讀管理，未來才有出路。只是我每次改到小翔的週記，都對他在週記裡的繪圖創作讚嘆不已，於是我決定趁著家長日，跟小翔爸爸溝通看看。

「小翔爸爸，您知道嗎？小翔他真的很有繪圖天分，也很有空間感，如果讓他去讀景觀設計，未來一定會……」我興奮的說著。

「不！」小翔爸爸打斷了我。「我自己開工廠，知道創業有多難，小翔不懂，唸景觀設計未來根本無法養活自己。不如去唸管理，實用多了，未來也好找工作。」換小翔爸爸說得起勁。

「可是，小翔他不想讀管理，這樣他去唸也不會快樂啊！」我緊接著說。「興趣是興趣，生活是生活。我要他學會：『先擁抱不快樂，再來談快樂。』像我以前讀管理也不快樂啊！但還是撐過來了，現在生活也過得不錯。」小翔爸爸搬出了他那套「不快樂哲學」。

我們就這樣談了快一個小時，最後誰也沒能說服誰。

「這三年，我學會了如何放棄。」小翔這句話，一直不斷迴盪在我腦中。我甚至可以想見，這世界上，有許多的小翔，當他們在長輩面前，熱切說著自己的夢想時，本以為可以得到溫暖的支持，沒想到得到的卻是熱辣的反對，反對的理由千奇百怪，但最後一定會聽到這句話：「不聽老人言，吃虧在眼前。」背後潛台詞是，聽我的就對了。

決定叛逆之後，要能證明自己的本事

但真的是這樣嗎？畢卡索曾說過一句話，他說：「我媽媽告訴我：『如果你去從軍，你會成為將軍；如果你擔任神職，你會成為教皇。』但我想成為畫家，於是我成為了畢卡索。」將軍很好、教皇也很好，但任何職位，都有被取代的一天，**只有成為獨一無二的自己，才能無可取代。**

我不是要教你叛逆，但是下回，如果有長輩又搬出那句「不聽老人言」，請你在心裡默喊：「開心十幾年！」默喊就好，我怕你脫口而出，又換來長輩一頓叨念，麻煩。

來吧！我請出幾位開心過頭的名人給你認識認識。伽利略，當初父親希望他當醫生，他不聽，結果成為了天文學之父；笛卡爾，當初長輩希望他當律師，他不依，最後成為哲學的開創者；還有牛頓，他母親希望他當農夫，他裝傻，最後成為名留青史的科學家；以及特斯拉，長輩希望他當牧師，他沒理，最後成為偉大的科學發明家；最後，霍金你認識吧，當初父親希望他當醫生，但他對物理和宇宙情有獨鍾，堅定走自己的路，最後成為改變世界的宇宙物理學家。

如果你還是在聽話和做自己之間掙扎糾結，那麼聽聽科幻小說作家倪匡怎麼說吧！「人類之所以有進步，就是因為下一代不聽上一代的話。所以我鼓勵年輕人不要聽『老坑』說話，『老坑』的說話不用理，你要去找尋自己的想法。」

你要知道，每個世代的環境和優勢不一樣，過去長輩經歷的農業時代和工業時代，那套觀念和方法在當時也許有用；但現在網路時代、人工智慧時代，同樣的方法還能一體適用嗎？當然不行。不過你也不用忙著跟長輩爭辯，人生不是辯論場，辯贏也沒啥好處。**你只管拿出行動，為人生負責，證明自己做得到就好。**

你是要聽老人言，做自己不喜歡的事，鬱鬱寡歡好幾年；還是要勇敢一回，聽自己內心的聲音，做會讓自己燃起熱情的事，快樂十幾年！不用告訴我你的最終選擇，下次我們見面，從你的神采，就能決定該拍拍你的肩，說聲：「辛苦了。」還是雀躍地跟你擊掌，說聲：「恭喜你！」

百善孝為先？對不起，我笑了

我曾在《史記》讀到一個驚心動魄的故事。當時陶唐的帝王堯，想要傳位給有才德的人，諸侯們推薦了舜。為什麼推薦他呢？因為舜以孝順聞名。舜有多孝順？我來為大家簡單說一下他和他爸爸的故事。

舜的爸爸叫做瞽叟，妻子過世後再娶，生了另一個兒子象。從此之後，舜就沒有好日子了。有一次，瞽叟要舜去挖井，舜努力挖呀挖呀挖，結果挖到一半，回頭一看：「怪怪，繩子怎麼不見呢？這要我怎麼上去呢？」一原來，繩子早被瞽叟收走了，就是沒要舜回來的意思。而且這老傢伙一不做、二不休，竟然還用土把井填起來。好險舜反應快，一見繩子不見，就拿起鏟子往井壁開挖，挖出一條逃出去的路。

還有一次，瞽叟要舜去修糧倉屋頂，舜乖乖爬上去了。結果咧，瞽叟立刻把梯子撤走，然後放火燒糧倉。舜一看嚇死，想說這哪招？命大的他，趕緊用斗笠護住身體，從屋頂一躍而下，保住小命。

即便父親三番兩次想害舜，但他卻毫不記恨，反而更加孝順父母，用行動來感化他們。故事的結局你應該也知道了，堯最後傳位給舜，留下禪讓的美談。

但等一下，每次讀到這裡我都想問：「堯，你不先把舜的老爸抓起來嗎？他這是殺人未遂吧！」我也想問舜：「你是知道自己有主角光環不會GG嗎？你老爸想害你耶，你不逃還孝敬他，不是讓他有恃無恐，想出更多搞死你的方法嗎？」

愛父母的表現，不必用聽話來表達

當然，這可能是個特例，但我很怕此後父母揮舞著它對孩子說：「你看，舜老爸對他這麼壞，舜還是如此孝順；我們對你那麼好，你還不乖乖聽父母的話。『百善孝為先』有沒有聽過？所以你應該這樣那樣……」

父母養育我們長大，的確非常辛苦；我現在是兩個孩子的爸，更能體會這份辛勞。長大之後，惦記父母養育之恩，想要報答父母，絕對是人之常情，也理所當然。只是，**如果要一輩子順著父母的意，活成他們想要的樣子，沒有自己的人生，這樣以孝為名的控制，真的還值得我們推崇嗎？**

我相信讀到這裡，你一定很有感。為了順著父母，不違抗老人家，你可能選了一份讓他們安心的穩定工作，哪怕自己毫無興趣，上班時都面無表情；你可能連伴侶都是在父母的牽線安排下步入禮堂，你不知什麼叫怦然心動，只知道未來多了一個人一起聽父母的話；後來你有了子女，你不想他們重蹈你的童年，但父母告訴你要打要罵孩子才會聽，所以你只好掄起棍子……

其實，你對父母的孝心，不用靠百依百順來展現。國際知名導演李安，曾經講過一段讓我印象深刻的話，他說：「與父母的關係，能夠彼此相愛就夠了，不必要製造一個階級觀念。你一定要小的服從大的，但每個人都是一個個體，你都要尊重他。他的性別取向、他的愛好、他的任何東西你都要尊重他、接受他，這是和平相處的一個基準。」是啊，子女不是父母意志的延伸，他們有血有肉有靈魂，你可以啟發他們的探索世界，但別強加你的興趣在他們身上。

李安也曾語出驚人地說：「我覺得孝順是一個過時的觀念，但他已經成為一種根深蒂固的存在。可是在我的思想裡，**我已經不教孩子孝順這個東西，只要他感受到我的愛，同時也愛我就夠了。**」

讓家庭裡沒有階級，只有愛

你有沒有發現，李安這段話點出一個重點，那就是過去以來，**我們的孝順，一直建立在父母子女的階級差距上**。父母位階高、子女位階低，所以作為子女，當然要順上位者的意，才稱得上是孝順。

你有沒有想過為什麼會這樣呢？其實，這來自於儒家文化「移孝作忠」的影響。也就是把人倫裡的「孝道」和政治上的「忠誠」連結起來，要求你必須像孝順父母那樣，對君王盡忠。最明顯的論據，就是《論語》裡有句話說：「其為人也孝弟，而好犯上者，鮮矣；不好犯上，而好作亂者，未之有也。君子務本，本立而道生。孝弟也者，其為仁之本與！」翻成白話的意思就是：「孝順父母、友愛兄弟，卻喜好以下犯上的人，少之又少；不喜歡以下犯上，卻喜歡作亂的人，絕對沒有。所以做人要從根本做起，有了根本，才能建立正確的人生觀。孝順父母，就是仁的根本。」

從這你就可以看出，儒家把血親的孝，延伸到政治的忠。

這會有什麼問題呢？家庭是講愛的地方，政治才講階級，可很多人自動把兩者劃上等號，把政治的階級觀和服從帶回家庭，變成父母高高在上，是一家之君；而子女俯首稱臣，必須聽命於父母。若不聽，在家為不孝，日後在外為不忠。不忠不孝之人，天下共擊之！

哇！等一下，我只是有自己的想法，沒辦法完全順著父母的意，就必須被扣上不忠不孝的大帽子嗎？你看，這就是在「百善孝為先」的文化底下，為什麼很多父母子女關係緊張，活得既痛苦又抑鬱。

也許過去，你因為這樣以孝為名的控制而痛不欲生。但至少，你可以做到的是讓控制輪迴結束在這一代。來，我們改一個字吧！**不是百善「孝」為先，而是百善「愛」為先**。我們愛孩子，不是因為他能為我們爭光、會聽的話、能完成我們做不到的事，單純只是，他是我們的孩子。沒有條件的去愛他，尊重他的人生選擇，總有一天，你也會感受到來自孩子最單純無私的愛。

可以恕你直言，那可以恕我直拳嗎？

我坐在書桌前備課，準備教《紅樓夢》，讀著讀著，林黛玉竟從腦海裡浮現出來。剛好，我也想跟她好好聊聊，於是我們就天南地北聊起來了。

我說：「黛玉啊，你的才華在眾金釵裡，你說第二，也沒人敢稱第一。可我就不明白了，為什麼你講話總是那麼那個啊？」我本想說的是苛刻，但覺得這樣太冒昧；後來想說直接，但還是覺得太唐突，最後乾脆說那麼那個，讓她自行意會過來。

林黛玉愣了一下說：「什麼那麼那個啊？」好吧，顯然她沒自覺。

「像是有次周瑞家的送宮花給大家，本來是件開心事，你問她：『是只有你有，還是大家都有？』人家回說大家都有了，拿出兩枝給你。結果你竟然回說：『我就知道，別人不挑剩下的也不給我。』搞得所有人一陣尷尬，好歹先說聲謝謝吧！」我說。

「不是啊，我就覺得要公平啊，為什麼大家挑剩的才給我。」黛玉講得義正詞嚴。

「好吧，還有一次，大家一起去聽戲，賈母看到一個赤金點翠的麒麟，覺得眼熟但一時想不起來，寶釵回答說史湘雲有一個，這時探春稱讚寶釵有心，什麼事都記得。結果你怎麼冷笑說：『她在別的上頭心還有限，唯有這些人帶的東西上她纔是留心呢。』你不跟著讚美沒關係，幹嘛還要酸人家呢？」我說。

「不是啊，做人幹嘛那麼假，我就是有話直說，不行嗎？」黛玉起身捍衛自己的言論自由。

看著眼前的黛玉，我不知她是否知道小說的結局，賈母想給寶玉找媳婦，明明全家都知道寶玉喜歡的是黛玉，但最後卻偷天換日，讓寶玉娶了寶釵。為什麼呢？鳳姐說，一個有玉、一個有金鎖，配起來金玉良緣正好，這是一個喜氣的說法。但說到底，如果你是賈家人，你希望日後家裡多一個講話討喜，還是講話討厭的人呢？

直來直往，不是「沒禮貌」的護身符！

黛玉的尖酸，至少還有美貌和才氣掩護，在小說裡反而顯得有個性，因此擄獲一票擁戴書迷。但現實生活裡，最討厭的就是明明尖酸刻薄，還要用「恕我直言」來合理化自己口無遮攔的傢伙。比方你費盡心思寫了篇文分享在社群上，一般人都會留言說聲謝謝分享，但偏有一種人，自己寫不出來，但倒很會指天畫地說：「恕我直言，本來以為會看到什麼新意，結果都是以前就知道的東西，覺得很失望。」你傻眼，想說我寫篇文免費分享，還要有諾貝爾獎等級的發現才能滿足你嗎？慢走不送。

在職場裡這種人也不少，麻煩的是，他們還有點輩份加持，讓恕我直言多了一層提點後輩的合理性：「恕我直言，以前專案要是做得像你這樣，早就被主管罵到臭頭，捲鋪蓋走路了。」如果真做得很爛，沒關係，我們檢討改進。但拿著恕我直言的尚方寶劍，東揮西砍，除了踐踏別人之外，還真的看不出任何建設性。

我有個朋友曾在臉書分享一段經歷，她跟對方第一次見面要談合作，結果對方當著她的面說：「我覺得你很官方，給我很沒有個人特色的感覺。」我的天，連恕我直言都省了，直接一記無禮評論朝面門而去。我朋友心想：「那你還約我見面說要談合作，會不會太神奇？」換作是我，白眼直接翻到後腦勺。

你有沒有發現，這種老愛把恕我直言掛在嘴邊的人，最大的問題是什麼？我認為是把自己當作世界的中心，覺得他的意見就是聖旨，你應該接旨，還要叩謝皇恩。但他又不是你公司的股東，你能有今天的成就，全憑自己本事，與他無關，**憑什麼一句恕我直言，就可以跑來對你比手畫腳、指點江山？**有些人就是喜歡打著恕我直言的旗幟，行無禮羞辱之事。好，我可以恕你直言，那你可以恕我直拳嗎？

不當指教仔，是大人的智慧

其實，真正有修養和智慧的人，根本不會動不動就在那邊恕我直言。蔡康永在《你願意，人生就會值得》裡，有段話說得特別好：「我們的意見既然這麼珍貴，起碼要別人來請教我們，才值得我們說出口，而不是當成垃圾一樣到處亂丟。」回想我自己，可能是過去當老師的職業病，老愛好為人師，就算沒把恕我直言掛在嘴上，但看到別人做得不如預期，總是會忍不住想要出謀劃策。

後來察覺我自以為給的建議，可能會造成別人的壓力。說不定他有自己的做法，但不照我的建議做又不好意思；說不定他根本沒想聊這話題，我硬是塞建議搞得像是他做不好一樣；說不定我被優越感沖昏了頭，覺得不照我建議去做的都是笨蛋。

所以漸漸地，我用「聆聽」和「祝福」取代建議。**因為建議的背後，有一頭「恕我直言」的猛獸在蠢蠢欲動，急著想證明自己比對方好，聽我的就對了。**難怪蔡康永會說：「懶得管，是智慧的開始。」真要管，也不是去管別人怎麼做，而是先從管住我們那張嘴開始，「別人問，你才說」，這才是成熟大人應有的基本修養。

「我吃的鹽比你吃的飯還多！」「你吃那麼鹹幹嘛？」

看到有網友分享說，有次他下班搭捷運，因為工作太累，找了個位置坐下後就睡著了。但沒多久，進來兩個大聲聊天的大媽，其中一個往他旁邊一坐，另一個大媽就對他說：「肖年欸，位子借我坐一下。」他本想藉著戴耳機裝沒聽到，但沒想到大媽繼續說：「哩洗沒聽到喔？」後來他沒辦法，只好回大媽說：「抱歉啦，大姊，我很累，對面還有位置啊！」沒想到大媽非但沒有知難而退，反而大聲嚷嚷：「你才幾歲就在喊累？我都這麼大年紀了，給我坐一下是會怎樣？」搞得全車的人都往他們這看。

大媽越說越上火，劈哩啪啦接著說：「現在的年輕人齁，都不會尊重長輩，我跟你說啦，我吃過的鹽比你吃過的飯還多！」這位網友一聽，靈機一動，回了大媽一句：「大姊，你吃那麼多鹽，要不要去看醫生，順便洗腎呢？」大媽瞬間愣住，無言以對。

你的過來路，憑什麼要別人照著走？

前幾天我讀朋友林育聖寄來的電子報，他提到很多人有種病症，叫做「糾正病」，好發於三十歲後人類、育兒家長、創業老闆群體，而男性個體更可能有早發現象。得到這種病的人，最明顯的病徵就是會把以下的話當口頭禪：「聽我的準沒錯！」「要聽不聽隨便你！」「我這是為你好。」「我好好跟你說你要聽進去。」「我以前就是這樣做的，你這樣做就對了！」為了強化這些話的說服力，往往最後還要加上這麼一句：「我吃的鹽比你吃的飯還多！」但我真心不解，這除了證明眼前這位糾正病患者吃得很鹹之外，到底跟我得聽你的有什麼關係。

說這是糾正病，他們一定不認，他們更喜歡的稱謂是「過來人」，這帶有一種歷經風霜、看透紅塵的智慧感。他們看著你身陷苦海（即時你根本沒有），就心生一種救世的慈悲為懷，忍不住想為你指路。「以我過來人的經驗，你不要怎樣怎樣，你應該如何如何……」問題是，他們是過來人，但你答應讓他們過來了嗎？**沒經人同意就硬闖過來，這就是蠻橫；人家沒請教你就糾正，這就是自以為是。**

很多人小時候本來很喜歡過年，因為可以領紅包，跟堂兄弟表姊妹玩耍，還有吃不完的好料。但年紀慢慢長大後，卻越來越討厭過年，因為那些鹽巴吃得太多的親友，嗅到你身上出社會的菜鳥味，全圍了上來，迫不及待把他們的人生見解，要你照單全收。

他們會先好奇的問你：「現在在哪工作啊？」等你回答後，他們開始發表對工作的高見：「哦哦哦，是不錯啦，不過感覺沒什麼發展性，那個隔壁大伯的兒子，在外商公司高就，薪水福利待遇好得沒話說……」然後接著開始關心你的感情婚姻：「什麼時候要結婚啊？」你說你們還在磨合中，他們急了，開始各種催婚催孕：「你看我們那年代，早早結婚生小孩，人自然也就踏實了，你們年輕人還想玩，不知道在等什麼齁。」如果不幸，你已經有小孩了，他們會意味深長地看著你育兒，然後開始糾正你的育兒觀：「你這樣不行啦，小孩會著涼，要多穿一點啊！」「你這樣太寵小孩啦，小孩不乖就要懲罰，讓他知道要聽誰的。」有人說現在年味越來越淡，我同意，就是被這些鹽巴吃太多的親友給吃淡的。

活得精彩的人，才沒空去指教別人

其實我一直納悶，老愛糾正的人到底在想什麼？難道你真以為，別人聽了糾正會開心嗎？不可能，人最渴望有選擇權，能自己決定要怎麼做。而你去糾正別人，就是把剝奪人家的選擇權啊！不翻你白眼就不錯了，怎麼還會期待人家受恩感激呢？還有還有，你糾正完別人後，是不是嘴上雖說要聽不聽隨便你，但還是會想偷看人家有沒有照做？如果有的話那還好，但如果沒有呢？你是不是暴跳如雷，覺得這人真不受教，下次再找機會唸他酸他，以洩心頭之恨。問題是，**你要人家尊重你，那你得先尊重別人的人生啊！**

如果真想改變對方，你要做的不是碎嘴糾正，那只會到處惹人嫌。**你要做的是把自己活好，活得神清氣爽、活得閃閃發光，人家看了羨慕，自然會想請教你。**比方你覺得「運動」很重要，不要一看別人不運動，就糾正人家要多運動，別整天坐著躺著；你重訓照做、跑步照跑，人瘦下來，容光煥發、健步如飛，人家自然會想要來請教你：「是怎麼做到的？你的運動菜單是什麼？我也要！」這不是比起張牙舞爪的糾正，人家不情不願的敷衍來得更有效率和意義嗎？

就像我辭去教職，過上自由工作的人生，但我不會要你跟著辭職，出來接案創業啊！因為我知道，**適合我的，不一定適合你；穩定有穩定的好，冒險有冒險的精彩**。我所能做的，就是用文字和節目，分享自由工作者的多元樣貌，有焦慮、有驚喜、有忐忑、有振奮。時間久了，真有不少人，跑來請教我辭職創業的心境和方法。

我講得開心，你聽得受用；我鹽吃的沒比你多，你飯吃的也沒我少。平等對話，自在交流，世界之所以精彩，不正因為每個人的活法都各具風華嗎？

君子動口不動手，但至少要會還手吧？

前陣子看到一段影片，讓我非常震驚，在某個教室課堂裡，老師糾正學生不要干擾大家，沒想到這個學生整個抓狂，衝上台去跟老師對峙。老師嚇了一跳，好言相勸，出聲制止，結果你知道接下來發生什麼事嗎？

學生竟然出拳攻擊老師，拳打不夠，還加碼用踹的，老師就這樣被學生毆打。後來其他同學看不過去，有上來制止，這個揍人的同學才甩門離去，但仍氣憤難平，在外面不斷踹門，噴髒話。驚魂未定的老師，走上講台，接續未完的課程。

沒想到，那位同學又衝了進來，繼續爆打老師，老師除了挨打和出聲制止，完全沒辦法還手，身上衣服差點被扯下來，你能想像有多狼狽不堪嗎？很難相信宛如街鬥的場景，竟然真實發生在校園課堂裡。

當然，事後很多消息陸續傳出，有人說這位學生狀況比較特殊，本來情緒就比較不穩定，不能言語刺激到他。也有人說老師是臨時代課，不知道學生狀況，可能說話方式刺激到他。

現代的君子得懂得如何自保

我自己曾是老師，看到老師被學生打，心裡特別百感交集。尤其是你看影片裡的老師，面對學生失控出拳，礙於身分、無法還手，只能一直挨揍，苦苦等待救援，那畫面真的讓我很難過。當然，這可能是特殊案例，那我換個場景，如果今天你走在路上，不小心跟人碰撞，本來彼此說聲抱歉就沒事了，但對方心情不好，就是要找麻煩，掄起拳頭要揍你。

雖有句話說「君子動口不動手」，但人家都沒要當君子了，難道你就認命挨揍嗎？就算你修養好，給對方揍，堅持不還手，那如果今天你孩子在旁邊，對方要對他不利呢？難道也告訴孩子「君子動口不動手」嗎？不是吧？我們不惹事，但也不該怕事。君子不動手OK，但還手自保總行吧！

如果有被打過你會知道，在沒設防的狀況下挨打，幾拳打在頭部，就會造成暈眩，甚至腦震盪。你可以要求自己成為君子，但無法指望每個人都是君子，有光明就有黑暗，有好人就有壞人，有君子就有小人。**我們可以告訴孩子這世界風光明媚，但也不要避談這社會的危機四伏。**

以前孤家寡人，天不怕地不怕，但有了孩子後，人生有了幸福，也同時也有了軟肋。你會想守護孩子純真的笑容，不怕一萬，只怕萬一。過去懶得練拳學防身的我，竟然跑去拳館找教練學拳擊，我的教練是阿燁教練，帶著我一步步從啥都不懂得菜鳥開始，慢慢學會站架、側閃、直拳、鉤拳、格檔、位移等。有了點拳擊的基礎後，我也開始去了解萬一真遇到衝突、跑不了，這時該怎麼辦？

應對突然的危險，人人都要知道的基本防身對策

【首先，一定要先側身，不要正對】

一般常見衝突，就是兩個人會面對面，挺起胸，鼻子碰鼻子，在那邊互相叫囂著怎樣！怎樣！都不想在氣勢輸給對方。但這樣超級危險，因為你正對著對方，一來所有要害都暴露出來，鼻子、下巴、咽喉、心窩、肚子等；二來你會很難移動閃避，對方要是先出拳，你會很慘。

所以一定要保持側身，如果你是右撇子，左腳在前、右腳在後，（左撇子的話就反過來）膝蓋微蹲，移動彈速才快。側身的好處在於，縮小你的受力面積，而且如果對方真的揮拳，你可以做格檔、側閃、後撤，而不

會像正對只能用臉接拳。

【其次，伸出左手，右手待後】

這點非常重要，如果你有看過拳擊，會發現拳擊手會先用左手打出刺拳試探對方。為什麼要這樣做？目的在於抓出「安全距離」，所謂的安全距離，指的是對方打不到我，但我可以打得到對方的距離。所以對拳擊手而言，距離感非常重要。

當然，街頭衝突不是拳賽，這裡我不是要你出刺拳攻擊對方，而是用「安全距離」的概念，抬起左手，掌心朝外，比出「不」的姿勢。這樣做的目的有兩個：**第一，你拉出安全距離，把對方擋在外面**。就算對方突然揮拳，你還來得及做反應，而且就算打過來，也不會直接打到要害。

第二，釋出最後溝通善意，但留後手應變。在你一面伸出左手比出不時，除了降低對方的戒心外，這時你可以做最後的溝通，安撫對方的情緒，讓衝突降溫。

如果狀況能在這階段解決，那當然是最好，但如果不行，對方爆走，一拳過來的話，那你該怎麼辦？別忘了，你還有放在後面，一直按兵不動的右手啊！

【最後，後手增援或遠離現場】

後手指的是你的慣用手，威力強、速度快，從拳擊的角度來說，前手用來抓安全距離，後手才是真正用來攻擊或反擊的。如果你前面步驟都做到了，還是免不了對方出拳相向，這時你在瞬間就做出決定，要不要丟出你的後手？

根據奧運拳擊銅牌選手 Tony Jeffries 建議，遇到衝突時，若你不得不出手，你可以選擇用掌，轉動腰部，用鉤拳的方式揮出。用掌的原因是不會像直接出拳造成這麼大的殺傷力，也可以保護你的手不會受傷，同時造成擊退對方的效果。我很推薦大家去看 Tony Jeffries 的ＹＴ頻道，這篇文所講的應對衝突觀念，都是他給我的啟發。

再次重申，我絕不鼓勵暴力，但是當你用盡一切溝通方式，對方拳頭還是朝你招呼過來，還手自保會比靜靜挨打來得好。君子動口不動手，對，前提是對方也是君子，如果不是，那我們還個手也只是剛好。

君子動口不動手，但至少要會還手吧？

你無法指望每個人都是君子，不要和孩子避談這社會的危機四伏，我們不惹事，但也不該怕事，不動手可以，但一定要懂得如何自保。

當一個情緒穩定的大人很難嗎？

吃早餐時看到一則新聞，有個阿北去餐廳點餐，後面排一堆人，他在那邊看小菜，店員問他：「請問要點餐了嗎？」阿北沒回應，繼續看小菜。店員只好再問他一次，頓時間，阿北暴跳如雷，開始劈哩啪啦罵店員：「你這是什麼態度！」「我看一下菜色，你是在急什麼？」「我來店裡消費，花錢我最大！」直接看傻在場所有人。他這一罵就是十分鐘，最後直到店經理出面緩頰，事情才告一段落。

情緒不穩定的人，就像佈滿在生活周遭的地雷，你不知道什麼時候會踩到他。你好心提醒同事，專案裡有幾個地方可能有問題，結果他情緒來的速度，比改專案的速度還快：「叫叫叫，不然你來寫啊！」你開心跟朋友分享最近開始上健身房，運動帶給你的改變，推薦他有空可以試試……結果他臉色一變，不屑地說：「是啦，你最瘦，我就是胖啦！」搞得你說話都得小心翼翼，深怕哪句話又戳到他的痛點。你不解，掌管情緒的杏仁核，不是二十五歲後就發展成熟了嗎？為什麼有些大人的杏仁核，像是根本不存在一樣？

很多人問我：**「一個人如果想要成大事，最重要的是什麼？」**他們期待我回答努力、毅力之類的話，但我說：**「從成為一個情緒穩定的人開始吧！」**他們愣住，不解這跟成大事有啥關係。

事實上，關係可大囉！根據一項來自TalentSmartEQ的研究發現，情緒穩定的員工，比起情緒不穩定的人，每年多賺兩萬九千美元；另一個由荷蘭蒂爾堡大學的研究團隊發現，不管年齡或工作如何，情緒穩定性與一個人的生活幸福密切相關。

原本腦衝的青年，成為能忍又爭先的良相

關於情緒穩定，歷史上最好的代言人非張良莫屬，但他可不是一開始就是這樣的。張良出生於戰國時期的韓國，後來韓國被秦國所滅。張良咬牙切齒，急於報仇，於是雇用大力士，在搏浪沙投擲鐵椎擊殺秦始皇，但沒想到只打到副車。秦始皇逃過一劫，下令追緝張良，於是他趕緊逃到下邳避難。

有天，張良在橋上遇到一個老人，說他鞋子掉了，要張良幫他撿鞋。這其實也沒什麼大不了的，但《史記》把張良當下的心理寫得很傳神，「良愕然，欲毆之」（張良很錯愕，想揍這老人），後來是看在人家年事已高，勉為其難幫他撿鞋。沒想到，鞋撿回來後，老人竟然還要張良幫他穿上！

張良按捺住火氣，想說好人做到底，就幫老人穿上鞋子。

老人很滿意，告訴張良：「孺子可教也。五天後清晨，來這個地方跟我碰面。」張良驚覺這老人肯定有料、絕非凡人，立刻答應。五天後，張良依約來到見面地點，沒想到老人已經到了，唸他一頓說：「跟老人家有約，還晚到，這像話嗎？你回去！五天後同樣時間地點再來一次。」張良只好摸摸鼻子回去。五天後他更早出發，但還是比老人晚到，又挨一頓罵、又要他五天後再來一次。

這次，張良學聰明了，他乾脆半夜就出發，清晨還沒到，他就赴約了，總算趕在老人來到前抵達。老人很滿意，傳給張良《太公兵法》，相傳這是由姜太公所著，告訴他熟讀這本書可成為帝王之師。並告訴張良十三年後，他會化身為山下的一塊黃石，這也正是黃石公的由來。

很多人以為這就是一個奇遇故事。其實不是，早在黃石公傳授兵書前，就已經在重塑張良了。台大歷史系教授呂世浩老師指出，黃石公要張良撿鞋，這在磨練張良的心性，不要動不動就暴怒，這是磨練他情緒穩定，要「能忍」；而跟張良相約清晨見面，明明張良沒遲到，卻不斷要他五天後再來，直到比老人早到為止，這是鍛鍊他搶得先機，要「爭先」。

從兩件事可以看出，「能忍」和「爭先」後來如何體現在張良身上。第一件事是有次劉邦手下大將韓信打敗齊國，志得意滿，想要自立為假王，沒把劉邦放在眼裡。劉邦得知後氣得破口大罵，張良這時偷踢了劉邦一下，劉邦才意會過來，隨即展現影帝般的演技說：「韓信真是的，要封就封真齊王，哪有在封假王的。」隨即封韓信為齊王。**這就是張良的「能忍」，如何為劉邦穩住了大局。**

第二件事是後來劉邦與項羽爭霸，戰況陷入膠著，於是雙方談和，以鴻溝為界，劃分楚漢後各自撤退。就在這時候，張良立即要劉邦趁楚軍鬆懈下來，發動追擊。劉邦意會過來，馬上派兵出擊，打得楚軍落花流水，把項羽逼上絕境。**這是張良的「爭先」，為劉邦奪得天下。**

情緒穩定，就是冷靜地表達生氣的感受

回過頭來說，情緒穩定不是要你不能生氣、當個好好先生，**而是你的情緒必須可預測，不會沒來由的暴起暴落，讓別人手足無措**。當然，你可能想問：「那如果人家真的讓我不太高興，我該怎麼表達呢？」這個有解，在《好好說話》裡給出了三招成熟大人的情緒表達技巧。

第一招叫「預防針」，句型是這樣的：「抱歉，或許這未必是事實，但我難免會有這種感覺……」這招作用在既表達你的感受讓對方知道，但又給了對方臺階下。**很多人並非不想要情緒穩定，但一開始有情緒時會憋著，直到後來忍不住就爆開**。如果用了「預防針」這個技巧，就能提前把你的情緒感受表達出來，而不是壓抑到無法控制。

第二招叫「閃黃燈」，句型長這樣：「這玩笑讓我不太舒服喔！你再這樣說，我可要生氣囉！」馬路上的紅綠燈會何要設置黃燈，就是給用路

人預告紅燈要來了，給出提醒和緩衝。同樣道理，你不必馬上生氣，因為生氣的成本很高，**但你可以預告生氣的情緒，有長眼的人自然意會過來。至於沒長眼的，到時你再生氣也不遲啊！**

第三招叫「等火山」，這回你真的生氣了，但不是咆嘯亂罵，而是拉開距離，避免自己口無遮攔。所以這招句型是：「我在氣頭上，先別跟我說話，等我消氣再說。」這樣做的好處是，**別人知道你在生氣，而你也盡力控制別讓當下情緒變成翻舊帳大戰**。

穩定情緒是一個漫長的修練，我見過真正的高手，都能快速覺察辨識自己的情緒，用最有效率的方式安頓情緒，或透過一些技巧表達出來，絕對不會讓情緒肆無忌憚的延燒，燒掉自己的格調，也燒掉別人對你的敬重。當一個情緒穩定的大人很難嗎？我只能說，不容易，但值得我們一生來努力。

PART 3

翻轉人生的成功祕訣

機會不是留給準備好的人

你一定聽過這句格言：「機會是留給準備好的人。」當然，這句話的目的是要你踏實累積，等機會降臨時，才能從容自信。不過，有個女演員，卻顛覆了我們對這句話的認知。

當年，知名導演李安在籌拍《斷背山》（*Brokeback Mountain*），許多演員前來試鏡。其中有個女演員演技出色，讓李安印象深刻。只是，因為《斷背山》是一部西部牛仔片，需要會騎馬的影星，所以在試鏡後，李安順口問了她：「對了，你會騎馬嗎？」這位女演員想都沒想，就說：「導演，我當然會啊！」於是，她順利拿下《斷背山》的角色。電影上映後，她一炮而紅，身價也水漲船高。

直到後來在一次的訪談裡，她才透露，其實當時李安問她會不會騎馬時，她根本不會。但在那一刻，回想起爸媽從小不斷提醒她：「如果有人問你，會不會做某件事，先回答『會』。把機會爭取到，再趕快去學會。」所以她照做了，拿下機會，然後回去第一件事，就是立刻去學騎馬。

這個女演員，就是好萊塢巨星安海瑟威（Anne Hathaway），演過非常多知名的電影，像是《斷背山》、《麻雀變公主》（*The Princess Diaries*）、《穿著Prada的惡魔》（*The Devil Wears Prada*）、《黑暗騎士：黎明升起》（*The Dark Knight Rises*）等，甚至後來以《悲慘世界》（*Les Misérables*）拿下奧斯卡最佳女配角獎。

當然，我不是要否定準備的意義。只是，我們換個角度來想：「準備到多少，才算準備好呢？」八十％？九十％？還是百分之百呢？麻煩的地方也就在這裡，許多人認為要準備到百分之百才夠格出手，結果要嘛就是不斷拖延；要嘛就是準備好了，但機會的舞台卻收起來了。

所以，與其說「機會是留給準備好的人」，我更喜歡告訴自己「機會是留給主動出擊的人」。

比起追求完美一擊，不如一步步累積完成次數

就像當年，我想出書成為作家。一般人的作法可能是，認為自己文筆還不夠好，要多準備一下再來寫文章，然後等文章寫得夠多了，再來看有沒有機會投稿到出版社。不能說這樣是錯，**只是當把心思全放在準備，就會錯過行動的價值。**

反過來看，我的作法是不管自己寫得好不好，重要的是「持續產出文章」。所以我逼自己，每天要在臉書發表一篇文章。那我用什麼時間寫文

呢？答案是，在捷運通勤的時間寫。我把捷運嘟嘟的關門提示音，當作寫作的鳴槍聲：拿出手機、瘋狂打字！就這樣跟捷運賽跑，隨著終點站接近，我心跳加速，把想到的句子全丟上去再說。

就這樣，捷運抵達，我臉書發文也完成了！每天持續發文，就是我對作家夢的主動出擊。我知道這些文章還不夠好，但那又怎樣？**比起空想怎麼樣寫出完美的文章，不如捲起袖子，老老實實開始寫不完美、但至少完成的文章**。到最後你會發現，真正開始寫的人越寫越好，而空想卻遲遲不敢動筆的人原地踏步。

後來，出版社編輯偶然在臉書上看到我寫的文章，發現我寫持續寫了很久。立馬找上我，邀請我出書。沒錯，這就是我第一本個人著作《飄移的起跑線》的由來。

所以，你想當力求準備，卻在機會前退縮的人；還是雖然沒有把握，但卻從不放過機會的人呢？

老把失敗為成功之母掛嘴上的，失敗居多

「失敗為成功之母」，大概是我們有意識以來，接觸的第一句格言吧！這句格言立意良善，就是告訴你跌倒了別氣餒，爬起來拍掉塵土，再往前衝就是了；失敗了別灰心，站起來收拾心情，再多試幾次遲早會成功。

我還記得，小時候參加演說比賽，這句格言還真的是萬靈丹。因為我比的是即席演說，比賽前三十分鐘才抽題。也就是只有三十分鐘的準備時間，要生出一篇驚豔全場的講稿談何容易，所以我通常都會準備一些常用格言和故事，遇到屬性接近的講題，二話不說，立刻把他們巧妙嵌入。

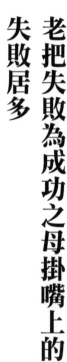

講題談「挫敗」，我會這麼說：「有句格言說：『失敗為成功之母』，你看國父革命，前十次都失敗，直到第十一次才成功，建立了中華民國。」講題談「堅持」：「有句格言說：『失敗為成功之母』，愛迪生改良燈泡，失敗了六千多次，從未放棄，最後成功為人類帶來光明。」慢慢我發現，失敗的次數越多，越能烘托這句格言的氣勢，所以後來，在我演講裡愛迪生出場的次數比國父還多。

不過漸漸地，我發現這句話在安慰上的意義遠大於實際。為什麼呢？因為他彷彿給了你一張超商集點卡，要你蒐集失敗貼紙，只要貼上去，就好像更接近兌換成功獎品的門檻：「集十張失敗貼紙，就可以換一個成功公仔唷！」「集二十張失敗貼紙，恭喜你，獲得成功抱枕一個！」結果呢？**你專注在累積失敗的次數，卻忘記了失敗的意義在於記取教訓和調整策略，不加思索、莽莽撞撞地又要趕緊再試一次，連跌倒的姿勢都跟上回一模一樣。**

當然說到這裡，你也許會納悶：「不然要怎麼樣嘛？」應該這麼說，「失敗為成功之母」對於心理慰藉，還是有用的，但是一般人能經得起多少次失敗而不放棄呢？寥寥可數對吧！因此，當你想開始嘗試一件事時，要告訴自己的是：「微小成功才是成功之母。」

讓大腦迴路習慣成功的感覺！

我的 Podcast 節目叫做「Life 不下課」，常會訪問各領域的高手，有次我訪問陳怡嘉老師，她是很厲害的學習教練，總能幫學生的學習狀況把脈，然後對症下藥。她那時告訴我學霸和學罷（學一學就罷了不學）最大的差別是什麼？就是心態的設定。

學霸會想辦法先取得微小成功，從而建立自信和收穫，因此更願意持續努力，來獲得更大的成功。可是學罷呢？沒想那麼多就學，結果一遇到挫敗，就開始猶豫害怕，從此一蹶不振。因此，怡嘉老師在《自律學習力》有句話說得特別好：**「盡可能維持正向成功經驗，實際上比從逆境學習經驗重新站起來，更容易推向下一次巔峰！」**

說真的，對於我們一般人而言，成功不在遠方，而在近處。好比你覺得自己身材走樣了，下定決心從今天開始要每天跑步；或者你覺得自己胸無點墨，打定主意接下來每個禮拜要讀完一本書；或是你看到別人經營社群平台有聲有色，暗暗設定從明天開始每天都要發一篇文章。如果你真的做到了，長出這些新的習慣，會覺得自己很成功。遺憾的是，多數人來不及看到長出來的參天巨樹，就無疾而終了。問題出在哪裡？一樣是沒搞懂「微小成功才是成功之母」這個策略。

全世界最暢銷的成功學著作《原子習慣》（*Atomic Habits: An Easy & Proven Way to Build Good Habits & Break Bad Ones*），這本書真的好看，我至少讀了五遍。關於如何養成好習慣？作者詹姆斯·克利爾（James

Clear）在書裡提到一個很關鍵的方法，叫做「兩分鐘法則」。也就是說，**你在設定一個新習慣時，要確保這件事能在兩分鐘內完成。**好比你想養成跑步的習慣，如果一開始你設定每天跑五公里，那可能跑沒幾天就放棄了，可是如果你設定的是「穿上跑鞋，下樓跑個兩分鐘」，那這很容易就完成，而且不費吹灰之力；甚至你還會覺得，都下來了，再多跑個幾分鐘吧！而且，完成後會為你帶來正向成功經驗，你會接著開始期待明天繼續挑戰這個習慣任務。等你對這個習慣駕輕就熟，覺得沒挑戰性了，自然就會調高任務的難度；那些高手就是這樣把不起眼的習慣，變成自己的一身本事。

別追求一次到位的大成果，先串聯每一個小成功

知名企業講師謝文憲，大家都稱他憲哥，在他的著作《極限賽局》裡頭講到一個棒球的人生哲學，叫做「先上壘再說」。棒球比賽要得分，除

了直接把球扛出牆的陽春全壘打之外，一定要有球員在壘上，對吧？不管你是敲安打、四壞保送、還是被丟到觸身球；沒有在壘上，不管再厲害都沒辦法得分。所以這告訴我們什麼？**在做任何事情時，別急著想達到什麼大成果，先追求一個小進步，上壘了，才會有後面的得分契機。**

但請注意，這個小進步必須連貫，不能是曇花一現。為什麼？憲哥說，在棒球比賽裡，要「連貫才能得分」。你看兩隊比賽，有時候明明A隊安打數比B隊多，為什麼最後是B隊贏？很簡單，因為A隊的安打雖多，但都零星分布在各局，攻勢無法串連；反觀B隊的安打，攻勢綿密、環環相扣，不斷推進壘包，把隊友送回來得分。

人生也是一樣，假如你想經營社群平台，不是告訴自己要一鼓作氣地成為百萬網紅，而是從發一篇文開始，先上壘再說；今天發不夠，明天也要寫，後天繼續寫，只有有寫，就是微小成功。當這些微小成功連貫起來，不知不覺，記分板上的數字就不會再是0。

如果你遇上挫折，「失敗為成功之母」是一句很好的心靈寄託；但如果你渴望成功，那麼請告訴自己「微小成功才是成功之母」。**別把人生成敗賭在自己的受挫能力**，相反的，順勢而為，如同《原子習慣》所說：「花費最少努力產出最大價值才會被實踐。」給自己設定小小的達成目標，一路過關斬將，那才是笑到最後的人從來沒告訴你的成功祕訣。

老把失敗為成功之母掛嘴上的，失敗居多

失敗的意義，在於記取教訓和調整策略，而不是不加思索、莽莽撞撞地又要趕緊再試一次。先取得微小成功，從而建立自信和收穫，你就會更願意持續努力，來獲得更大的成功。

酒香最怕巷子深，還不走出巷子吆喝！

如果把畫家粗分成兩種，分別是死後留名和生前成名，你會想到哪兩位畫家呢？先從死後留名的說起好了，你第一個想到的，應該是梵谷對吧！那麼生前成名的呢？一個名字閃過你的腦海，對，那就是畢卡索。這兩人在藝術上的實力和貢獻，絕對是有目共睹的，不過為什麼人生際遇卻如此天差地遠？關鍵在於「走出深巷，創造機會」的能力。

話說年輕時的畢卡索，從西班牙隻身來到巴黎尋求機會。要知道，巴黎是藝術之都，是所有畫家夢寐以求登上的舞台。不過，競爭者實在太多，真正能闖出名號的也屈指可數。當時的畢卡索默默無名，巴黎根本沒人知道他是誰。

多數畫家會告訴自己：「酒香不怕巷子深。只要我畫得夠出色，不怕沒人知道。」於是只管埋首於顏料和畫布之中，任憑巷子深不見底。但畢卡索可不這麼想，他腦袋咕溜咕溜地轉，不斷思考該如何從深巷突圍。終於，畢卡索想到了一個方法。

他找了好幾個大學生當工讀生，要幹嘛呢？每天要他們到巴黎各處的畫店買畫，而且指名要買畢卡索的畫。你可以想見，第一個顧客上門，問老闆：「你們有賣畢卡索的畫嗎？」老闆眉頭一皺，想說這人是誰、沒聽過啊！簡單打發掉第一個顧客後，過沒多久，來了第二個顧客，也指名要畢卡索的畫，老闆愣住了，想說是不是自己孤陋寡聞；接著第三個顧客，又說了畢卡索這個既陌生又熟悉的名字，這回老闆被問到懷疑人生。你說，巴黎畫店的老闆們，打烊後做的第一件事會是什麼？當然是趕緊去找畢卡索的畫啊！就這樣，畢卡索從巴黎的深巷成功突圍。

別小看自己有的「料」

剛剛提到的那句老話「酒香不怕巷子深」，意思是只要你有實力，就不怕被埋沒；如同好酒香味四溢，即使在深巷裡，別人也會聞香而來。這話在你埋頭苦練時可以聽，但如果想闖出點名號，容我改一下：**「酒香最怕巷子深，出去吆喝才是真！」**

為什麼呢？一來，可不是只有你的酒才香啊，滿街酒香的店家多的是，你不出去吆喝，誰知道你的酒有多好？二來，客人哪有這個美國時間，還給你小巷尋幽，會做功課的客人可遇不渴求，所以你更應該主動出擊。

我過去在教「爆文寫作課」時，總會告訴學員，寫作要從你的專業開始寫。比方你擅長教學，那就多寫點教學類的知識文；你擅長溝通，那就多寫點溝通類的教學文。當時有個學員，就叫他阿毅吧！他跑來問我，說自己不知道該寫什麼才好？我問阿毅本行是做什麼的，他說自己是做行銷的。我說：「那你可以多寫點行銷方面的教學文啊，幫助讀者解開行銷的困惑。」

阿毅面有難色，我問他有什麼顧慮嗎？他這才為難地說：「我覺得自己在行銷界只是小咖，萬一寫了行銷教學文，其他大咖看到了，會不會在想我自認是哪根蔥、憑什麼來教大家？」我這才發現，**原來很多人困在深巷的原因，是因為覺得自己還不夠格。**

我當時告訴阿毅：「要把寫作當作分享，分享你會的一切幫助讀者，你不寫出來，人家怎會知道你有料？就算你是小咖好了，文章也不是為了寫給大咖看啊，而是寫給對這領域好奇，卻不得其門而入的小小咖看的。」阿毅恍然大悟，重新拾起寫作的信心。

有趣的是，有次我上蒼藍鴿的節目，他是知名的 YouTuber，本業是醫生，頻道專門做跟醫療健康有關的內容，大受觀眾歡迎。我跟蒼藍鴿聊起這套「小咖就寫給小小咖看」的概念，他點頭如搗蒜，大蒜都快被他搗成蒜泥了。蒼藍鴿這才告訴我，當年開始做 YouTube 節目時，還只是醫院的實習醫生，身邊都是大咖醫生啊！他也曾經擔心，自己這樣會不會太惹眼？醫生前輩會不會覺得他太自以為？但蒼藍鴿想了想，覺得算了、別管這麼多，何況他分享醫療健康的常識給一般民眾，讓醫療知識普及，這不也是件好事嗎？

到後來他發現，真正大咖忙都來不及了，哪有時間對後輩閒言閒語。而自己持續創作影片，產出好內容，讓他現在成為擁有超過八十萬訂閱的 YouTuber，破百萬訂閱只是遲早的事。

想要好評和口碑，請努力地大聲放送

我遇過把走出巷子吆喝發揮到最高境界的，是我的朋友吳家德。他是NU PASTA的總經理，也是暢銷作家，他的著作《不是我人脈廣，只是我對人好》、《生活是一場熱情的遊戲》等，都是我認為必讀的職場好書。我曾經親眼見證他是如何創造人脈的。

那次家德請我和製作人Jocelyn吃飯，我們約在一間素食餐廳，因為當時客人很多，所以服務人員安排我們跟一對母女併桌。吃著吃著，家德很自然地就跟坐在隔壁的母女聊起天來：

「你們也常來這間吃素嗎？」家德問。

「沒有，我是來這出差，帶我媽媽來玩，打聽到這間素食很好吃。」女兒回答。

「這間真的很好吃，我常帶朋友來用餐，這兩位是我朋友歐陽和

Jocelyn。話說你剛提到出差，你是哪裡人呢？」家德把我們介紹給對方，順道問對方。

「你們好，我和媽媽是新加坡人。」女兒說。

然後他們聊起工作，那女兒提到自己從事金融業，剛好家德最初也是從金融業起家，話題一拍即合。然後他們聊到新加坡最著名的銀行，沒想到，這個女兒就是在這間銀行工作，她跟家德交換名片，名片上的頭銜是董事。

最後，家德說自己出了新書，相逢既是有緣，想送給他們一本。但因為身邊沒帶書，所以請教對方入住的飯店，他再寄一本過去飯店給他們。那對母女很開心，他們知道台灣很有人情味，但沒想到熱情到這種程度。其實不是，是他們很幸運，遇到台灣最熱情的男人吳家德。

我親眼見證這段對話，換做是我，絕對做不到像家德如此自然，甚至主動跟陌生人搭話。但這就是家德厲害的地方，輕鬆開啟話題，把名片發出去，為公司拓展了知名度；把自己的著作送出去，順道建立個人品牌。但這其中有個非常重要的關鍵，家德告訴我：「你必須出於毫無所求。」他喜歡與人認識的過程，不在乎是否有利可圖。但長久以來的經驗告訴他，機會都是在走出深巷，主動出擊後才悄悄出現的。

從今天起，走出深巷吧！你有好酒，人家也有，但你敢吆喝，就勝過一堆還在苦苦等候顧客上門的人了。**這個世界，既看實力，也看分貝**，小孩子才做選擇，我們兩個都要，不行嗎？

酒香最怕巷子深，還不走出巷子吆喝！

很多人困在深巷的原因，是覺得自己還不夠格。但其實真正夠格的大咖忙都來不及了，哪有時間對後輩閒言閒語。如果想闖出點名號、深巷突圍，請主動出去吆喝吧！

為什麼一分耕耘一分收穫，可能讓你陷入窮忙迴圈？

那天，我在節目訪談蕾咪，她非常厲害，擁有作家、部落客和創業家的多重身分。她跟你我一樣，剛出社會時先在公司當小職員；後來因為能力突出，進入到外商公司工作，薪水三倍跳！正當你以為她會一路平步青雲，放眼經理大位時，她竟然離職，開啟在家接案的自僱人生。然後在三十二歲時，她見時機成熟，決定出來創業，開設一間數位行銷公司。如今的她，光是每個月的被動收入就超過三十萬，名下有三間房，還經營著一間民宿，過著人人稱羨的富足生活。

我的直覺告訴我，蕾咪一定有著異於常人的思維模式，於是好奇請教她。果不出其然，她說了一個足以撼動我人生觀的想法。蕾咪說她覺得過於相信「一分耕耘，一分收穫」是很危險的，為什麼呢？因為這句話的英文叫做「No pian, no gain.」也就是沒有痛苦，就沒有獲得。正因為這樣，讓很多人會以為要成為有錢人必須付出更大的代價和痛苦，於是他們辛苦加班、犧牲陪伴家人的時間、把時間精力全投入在工作。的確收入是增加了，但當他想回頭找人分享這份喜悅的時候，發現孩子看他的眼神像是陌生人，而自己的健康狀況也亮起紅燈……

你的努力，CP值夠高嗎？

「如果你只相信一分耕耘，一分收穫，就不會相信一分耕耘，十分收穫的可能性，這會讓你落入一個窮忙的迴圈，因為你不知道有更聰明且合法的方式，可以輕鬆地賺到錢。」蕾咪說起這段話時，表情神采飛揚。我可以想見當年努力耕耘的她，從一分收穫到發現十分收穫時的振臂疾呼，彷彿哥倫布發現新大陸般興奮。她急切地想把這個發現告訴大家，先後寫了兩本書：《小資族下班後翻倍賺》和《打造被動收入最重要的事》，還錄製線上課「蕾咪的理財課」分享，為的就是讓我們正視自己的一分耕耘，絕對不只有一分收穫的價值。

我回頭讀了蕾咪的著作，又再一次衝擊認知，書裡提到一個概念很有意思，叫做算出你生命中的一小時值多少錢？現在拿出紙筆算算看。公式長這樣：**你的生命價格／小時＝月薪／（工作天數 X 每日工時）**

簡單舉個例子，小華月薪四萬元，一個月工作二十天，每天八小時。那算下來就會長這樣：四萬／（二十×八）＝二百五十元／時。也就是說，用二百五十元，就可買走小華一小時的生命。我必須說，剛算出來時，會覺得很赤裸，會心想：「啊，原來我的生命和時間，就只值這個價格啊！」

但接下來，你會有兩個念頭冒出來。第一個念頭是：「那我要怎麼樣提升自己的生命價格呢？」也許可以透過強化專業、開創副業、打造被動收入來達成。第二個念頭會是：「我現在這份工作，值得花這麼多時間投入嗎？」其實，當意識到這個問題，我覺得你就開始跳脫窮忙迴圈了。

與其深信「一分耕耘，一分收穫」，不妨試著告訴自己：「我的一分耕耘，值得十分收穫。」但請注意，這不是要你一味追求高獲利。現在詐騙猖獗，詐騙集團深知人心的貪婪，打著獲利二十％、三十％，甚至翻倍賺的旗幟，吸引多少人前仆後繼加入群組、再鬼迷心竅地把錢匯進無底深淵，然後作著財富自由的春秋大夢。

用一次努力，創造出多個收穫

我這邊說的「一分耕耘，十分收穫」，是要你去思考，**有沒有什麼方**

式，可以讓做過的努力持續延續下去，而不用一次又一次的重新開始。以我自己的經驗為例，當時，我在學校當老師，每天都要上課，同樣一課，要在不同班各講一遍；等學生畢業了，新的學生進來，又要繼續講著同樣課文，像是一種輪迴。當然，你會越講越熟，但熱情也可能會漸漸消磨。

所以後來，我選擇用另一種方式，把課堂間的創意激盪留存下來，那就是「寫作」。每天下班搭捷運時，我便拿出手機，把在課堂發生的事寫下來，發在臉書上。一開始只是寫好玩的，但寫著寫著就上癮了，慢慢吸引一票忠實讀者，甚至因此被出版社編輯發掘、找我出書，一圓了作家夢。

我的兩本教育散文《飄移的起跑線》和《就怕平庸成為你人生的注解》就是這麼來的，裡面的文章，都是我在課堂發生的故事，每天記錄在臉書上，最後集結成冊出版。後來，很多學校邀請我去演講，而書裡的這些故事，又成了我最好的演講素材。

你發現到了嗎？這就是「一分耕耘，十分收穫」。**我的那分耕耘，是**

當初課堂前的用心備課和創意發想，以及課堂上的賣力講課。我不想讓他只是成為課堂上的短暫煙火，下課後就煙消雲散、人去樓空，所以憑著記憶最深刻的時候，趕快寫下來，發文在臉書上，這讓我得到第一分收穫：影響力。

接著當影響力累積到一定程度，就會觸發更大的機會，對我而言就是出版社邀請出書，這讓我得到第二分收穫：出書機會。而書是一個人的「有價名片」，代表你在某個領域的專業備受肯定，因此開始會有人邀請你去演講，而這正是我的第三分收穫：演講機會。

還沒完，後來我做了Podcast節目「Life不下課」，因為拚日更，必須每天都出節目內容，這時，我過往寫過的文章，變成為最好的節目資料庫，第四分收穫是不是就出現了？那就是節目內容。好，換你想想看，如果我想要第五分、第六分收穫，那還可以怎麼做呢？

我不否認努力耕耘的重要，但如果只把這分耕耘，框限在一分收穫的思維裡，那也未免太讓你的努力受委屈了。試著用十分收穫的思維，看待此時此刻努力的自己；你會發現，原來人生的繁花盛開，竟然可以這麼美！更重要的是，你總算有時間可以賞花了。

為什麼一分耕耘一分收穫，可能讓你陷入窮忙迴圈？

你生命的一小時，值多少錢？一分耕耘，要能有十分收穫。想想看，有沒有什麼方式，可以把做過的努力延續下去，不用一次又一次地重新開始？

英雄所見略同？你怎確定不是狗熊大集結？

講到動畫電影，你腦中一定浮現三個字：皮克斯。對，皮克斯是當今世上最厲害的動畫公司——對不起了，迪士尼和夢工廠，但我真心這麼認為。

說起皮克斯電影，簡直跟我們童年畫上等號，《玩具總動員》（*Toy Story*）、《海底總動員》（*Finding Nemo*）、《汽車總動員》（*Cars*）、《蟲蟲危機》（*A Bug's Life*）、《怪獸電力公司》（*Monsters, Inc*）、《天外奇蹟》（*Up*）、《可可夜總會》（*Coco*），對了，還有紅透半邊天、最近才又出了續集的《腦筋急轉彎》。如果你是皮克斯動畫的老粉，一定會發現我還漏了一部經典電影，到底是哪一部？別急，先聽完我接下來講的這個故事，答案就呼之欲出了。

想要不斷突破，得要有不合群的精神

當年，皮克斯推出《玩具總動員》，全球轟動、票房突破三億美元！如果你是皮克斯執行長，接下來會怎麼做呢？如法炮製成功經驗，觀眾喜歡這種風格，那就給他們滿滿的玩具總動員，對吧？事實上，皮克斯的確也繼續拍《玩具總動員2》（*Toy Story2*），這系列甚至一路拍到第四集。但如果是這樣，皮克斯就沒什麼了不起的。公司創辦人不想只守著過去的榮光，想要尋求突破，而不被既定的成就給框限住。於是，他們找了一個外來導演，叫布萊德．博德（Phillip Bradley Bird），這人一來就誇下海口，說要拍出一部史無前例的動畫片，技術團隊聽完臉都綠了，因為布萊德提出的構想，至少需要十年時間，以及五百萬美元的製作成本，大家認為他根本來亂的，完全不懂皮克斯的文化。

但是你知道嗎？布萊德被技術團隊打臉後，回頭做了一件事，就是召集「復仇者聯盟」：把那些最不適合待在皮克斯的傢伙全部找來，聚在一起，準備幹大事。這些人都跟他一樣，腦子天馬行空，無畏皮克斯的框架。

他們到底打算幹什麼呢？布萊德發現，皮克斯之前的動畫，主角要嘛不是玩具，就是怪獸或昆蟲，但他想打造一部以人類為主角的動畫電影。這難在哪裡？因為人類的頭髮和肌肉線條非常複雜，已經超越當時的動畫技術，所以沒人敢碰這塊燙手山芋。但是，布萊德不僅碰了，還是徒手。

他們不斷思考，是什麼造成人物很難做成動畫的？答案就是肌肉線條，因為那要花很多時間和資金去繪製。但團隊成員接著想，有沒有什麼方法，可以大幅減少成本、又能呈現肌肉線條呢？經過大量的腦力激盪，還真被他們想到了，那就是把一片片橢圓形堆疊起來，就能創造肌肉線條的效果。

四年後，皮克斯的新動畫上映了，布萊德讓皮克斯再次震撼世人；這部動畫講的是一個超人家族的故事，而且是皮克斯有史以來製作最複雜的影片，片名叫做《超人特攻隊》（*The Incredibles*）。這部動畫，創下超過六億美元的票房，還榮獲了奧斯卡最佳動畫獎！

在團體中刻意當個獨行俠

我們老是聽到「英雄所見略同」這句老話，的確，所見略同才能不傷和氣，才能保持合作，才能維持過往的榮光。但那是不是也意味著，在你們之間，不容許有異議存在？好像過去的成功經驗，可以無限綿延到未來。殊不知，未來就像跑步機，你不斷奔跑，頂多停留在原地，更何況不跑呢？**英雄，也許只是這些不思改變的人美化自己的美稱，來掩蓋他們抱**

團取暖的事實。

在《異見的力量》（*In Defense of Troublemakers: The Power of Dissent in Life and Business*）裡，有句話說得非常好：「我們經常把力氣花在妥協與讓步，低估了自己想法與行動的力量。」書裡點出一個重要問題，為什麼大家寧可當所見略同的假英雄，也不願當異見者呢？原因很簡單，第一，一旦表達與眾人不同的立場，質疑就隨之出現，你還得花時間精力去回應，太折騰。第二，異見者是最不受歡迎的成員，容易被邊緣化。

但是，當你仔細回想，會發現那些改變世界的人，不都是著名的異見者嗎？伽利略聲稱地球不是宇宙的中心、弗洛依德（Sigmund Freud）提出無意識動機、馬拉拉（Malala Yousafzai）主張女性的教育權；**我們之所以更接近文明和真理，不正是因為這些異見者，掀開那群偽英雄的假面，戳破所見略同的謬論，才讓我們看見牆外的世界嗎？**

當然，我也不是要你沒事就跟大家唱反調，當個為反而反的「槓精」，而是對所見略同保持警覺，想一想有沒有其他的可能。我很喜歡萬維鋼在《佛畏系統》裡提出的一個作法，叫做「祕密專案」。也就是平常你該上班就上班，但是私下幹一件大事。重點在於，不要跟圈子太近，保持一點距離。為什麼呢？根據學者沙朗．金的實驗研究發現，收到「你被孤立了」心理暗示的受試者，反而能發揮更大的創意。不跟圈子太密切，你才能保留獨創性，才能更放膽的思考。但請注意，**這裡不是要你不跟同事往來、要孤僻，該維持的人際要有，只是你得保留一點空間給自己。**

好吧，這句話或許有點雞湯，但我覺得有助你跳脫所見略同的舒適圈，聽好了：「英雄總是孤獨的，只有小嘍囉才成群結隊。」下次，當一票人在那邊嚷著英雄所見略同、擊掌自嗨，你保持禮貌的微笑就好，誰知道他們是不是狗熊大集結呢？

嚷著堅持到底，回頭一看資產見底

我很愛看熱血的少年漫畫，最喜歡的情節就是那種主角被敵人慘電，其他人都倒下了，但他憑著意志力再次站起，奮力衝向敵人，奇蹟往往就在這時候發生。像是在《航海王》裡，魯夫對決四皇之一的百獸凱多，不知道被打趴多少次了，但最後因為堅持不放棄，成功開啟了五檔太陽神尼卡型態，扭轉了戰局，一舉擊敗對手。

認命不就服輸了嗎？這怎麼行！

可能也是因為這樣，我習慣用堅持到底解釋一切。那時在課堂教到一篇課文〈虬髯客傳〉，這是一篇唐代的傳奇小說。故事的內容大概是這樣子的：隋朝末年，處處動亂，民不聊生。有個江湖名號叫虬髯客的人，想要終結亂世，稱霸天下。因緣際會下，他結識了李靖和紅拂女，三人並稱風塵三俠。

本來你以為會看到，三人攜手合作打天下的熱血場景。沒想到後來劇情急轉直下，虬髯客遇到了李世民，沒錯，就是後來成為唐太宗的那位。虬髯客一看到他，驚為天人，李世民的氣場，讓虬髯客原先想稱霸的心涼了一半。

但為了保險起見，虬髯客找了他的師兄道士，再來確認一遍。這次很有趣，師兄原先跟別人在下棋，李世民一走進來，小說這麼形容：「神清氣朗，滿坐風生，顧盼煒如也。」簡單來講，就是說李世民神采非凡。連師兄看了都震驚懾服，說了一句：「此局全輸矣！」表面上說的是棋局，但實際是雙關，暗指天下大局已定，注定是李世民的，要虬髯客別癡心妄想了。

最後你猜結局怎麼樣？虬髯客竟然把自己的財產全部送給李靖，要他去輔佐李世民，一匡天下，而自己要到東南方另謀發展。我當時讀到這篇小說，哪管他是課文，真心覺得這結局也太爛了吧！虬髯客你想稱王，連點基本堅持都沒有，一看到人家氣勢比你強，就直接放棄。換作動漫，可不會這樣演的啊！所以後來我寫了一篇文章，標題是〈你的放棄，成就了他的天命〉，把我對虬髯客的吐槽全寫進去了！裡面有一段是這樣：

「你塑造了無限個李世民，來說服自己天命在他，不在你。其實你講這話的時候，表情好像很悵然，但我看到你的嘴角，竟掛著一絲暢然。因為你終於，為自己的失敗買好保險，為自己的懶惰染上一層悲壯感。可是，他的天命，不就是拜你懶惰所賜嗎？**是的，比起認命，我更喜歡不服輸的自己。**哪怕你的出身，家庭背景不怎麼樣；哪怕你求學時期，學校不怎麼樣；哪怕你出了社會，公司和職位不怎麼樣。你都不能歸咎於天命，因為當虬髯客，是會上癮的。」

對，我理所當然覺得，那些不懂堅持到底的人，就像虬髯客，天命只是他們用來放棄的藉口。

不是放棄，而是有決斷的勇氣

直到後來，我的高中學長惇為、也是一位專業的圍棋老師，在讀了我的文章後，以圍棋的角度點破了我的「堅持偏執」。他反問我有沒有想過，小說作者為什麼要用「圍棋」來隱喻虬髯客的心境轉折？

很多不懂圍棋的人，都以為圍棋的勝利條件是「包圍吃子、消滅對手」。但實際並不是這樣的，圍棋並不是以「吃子多寡」定勝負，而是以「全局土地大小」判輸贏。也就是說，真正的圍棋高手，絕對具備「形勢判斷」的能力。在落子之前，會先分析自身條件，以及對方強弱，有一定把握才開戰。因此，若條件不利於自己，把不好逃跑的棋子斷然捨棄，也是合理的策略。

惇為學長接著談到一場著名的棋局，那時圍棋大師吳清源，在一場對弈裡，曾經失去四分之一的棋盤領地，但他善用棄子來控制損失，最後竟然成功逆轉比賽。

回到〈虬髯客傳〉，惇為學長注意到虬髯客曾說過的一段話，直接翻成白話文的話是這樣的：「我本來想趁亂世建立功業，跟中原豪傑大戰二、三十年；但如今一看到李世民，我認為他能在三到五年內平定天下。既然他形勢比我強，那我不在這跟他爭雄了，所以我決定要到東南方發展。如果十年之間，東南方有動靜，那就是我在那發展成功了！」惇為學長認為，虬髯客這番話，就是圍棋「形勢判斷」的經典運用。

首先，他了解自己實力，也洞悉對方強弱；再來，他目標明確，並不是放棄後就躺平，甚至明確訂出十年內平定東南方的提案；最後他巧妙留下退路，把資產留給李靖，讓他去幫助李世民。這樣一來，若日後自己在東南方起事成功，中原也多了一個友好盟友；若起事失敗，中原至少也有個退居的歸宿。怎麼樣都划算

當時我讀到這篇，雖然感覺被打臉了，但卻情不自禁拍手叫好。的確，**當我們過度標榜堅持，卻會看不見「果斷放棄」的價值**。以至於你讀了一個沒興趣的科系，人家跟你說堅持一下，搞不好會喜歡，你就熬啊熬啊熬到畢業，發現還是沒興趣，但也來不及重來了；出社會後，找了一份不喜歡的工作，一上班就想著下班，下班就想著什麼時候放假。即便如此，你想說堅持一下，熬到加薪升職，但因為不喜歡，所以工作上也沒什麼突出表現，加薪升職離你更遠了……

很多人口裡嚷著堅持到底，但折騰一番後，回頭一看，那些你本來擁有的資產：青春、時間、熱情，在無形中都消耗見底了。這時除了感嘆年華老去、時不我與，似乎也無能為力。當然，面對人生，我還是堅持的信徒，但因為悖為學長的提醒，扭轉我的堅持偏執，加入「形勢判斷」的思維。是的，有時放棄不是因為你懶惰怕事，而是因為你懂得保全戰力和資產，投入更值得的人生戰場。

嚷著堅持到底，回頭一看資產見底

如果過度盲信堅持到底，會看不見果斷放棄的價值。了解自己當下的實力，目標明確，並非懶惰怕事，而是懂得形勢判斷的可貴。

深信勤能補拙很好，但也許你缺的是一點懶

阿里巴巴創辦人馬雲，曾是英文老師，後來辭去教職出來創業，創辦阿里巴巴，全面拓展電子商務，後來又成立了淘寶網，創下商業奇蹟。他的成功事蹟，紅極一時，加上他又很會演講，發想了不少馬式金句，像是：「懷才就像懷孕，久了總會看的出來。」「今天很殘酷，明天更殘酷，後天很美好，但大部分人都死在明天的晚上。」「真正的幸福感是知道自己在做什麼，知道該給別人什麼，你就會逐漸從痛苦中找到快樂。」「要成功，需要朋友；要取得巨大的成功，需要敵人。」

也因此每次馬雲的公開演講，都會引發全球關注，想聽聽他要帶給世人什麼新的啟發。有一回馬雲的演講主題是「偷懶的藝術」，這讓大家摸不著頭緒，不解如此勤奮的馬雲，怎麼會訂這麼違反常理的主題呢？正當大家抱著困惑之時，馬雲開始了他的演講。

大部分的成就，出發點來自懶惰

「很多人都記得愛迪生說的那句話吧：天才就是九十九%的汗水加上一%的靈感。並且被這句話誤導了一生。勤勤懇懇的奮鬥，最終卻碌碌無為。其實愛迪生是因為懶的想他成功的真正原因，所以就編了這句話來誤導我們。」馬雲以一貫的幽默，率先打破僵局，但在場聽眾顯然仍半信半疑。

「很多人可能認為我是在胡說八道，好，讓我用一百個例子來證實你們的錯誤吧！事實勝於雄辯。」馬雲見狀，準備搬出他最拿手的故事，全場屏氣凝神。

「世界上最富有的人，比爾蓋茨（Bill Gates），他是個程式設計師，懶的讀書，他就退學了。他又懶的記那些複雜的 dos 命令，於是，他就編了個圖形的介面程序，叫什麼來著？我忘了，懶的記這些東西。於是，全世界的電腦都長著相同的臉，而他也成了世界首富。」馬雲拿比爾蓋茲當先鋒，聽眾一愣，勤奮一端的天秤開始微微晃動。

「世界上最值錢的品牌，可口可樂。他的老闆更懶，儘管中國的茶文化歷史悠久，巴西的咖啡香味濃郁，但他實在太懶了。弄點糖精加上涼水，裝瓶就賣。於是全世界有人的地方，大家都在喝那種像血一樣的液體。」喝著可口可樂的聽眾，看看手中的可樂，再回想馬雲的話，似乎開始懂了什麼。

「世界上最好的足球運動員羅納度（Ronaldo Luís Nazário de Lima），他在場上連動都懶的動，就在對方的門前站著。等球砸到他的時候，踢一腳。這就是全世界身價最高的運動員了。有的人說，他帶球的速度驚人，那是廢話，別人一場跑九十分鐘，他就跑十五秒，當然要快些了。」羅納度在球壇被稱為外星人，除了他精湛的球技外，更可怕的是那異於常人的爆發力，不過馬雲一語道破羅納度稱霸足球的祕密。

看著聽眾的勤奮天平開始上揚之際，馬雲見時機成熟，終於揭示整場演講最精彩論點：「以上我所舉的例子，只想說明一個問題：這個世界實際上都是靠懶人所支撐，而這個世界如此精彩都是拜懶人所賜。現在你應該知道你不成功的主要原因了吧？**但是懶不是傻懶，如果你想少幹，就要想出懶的方法。要懶出風格，懶出境界**。像我從小就懶，連肉都懶得長，這就是境界。」頓時，現場爆出一片如雷的掌聲，勤奮的信徒們終於意識到懶的價值。

把力氣花在報酬最高的事情上

如果你常用「勤能補拙」激勵自己不要輕易放棄，這當然很好，但最怕這句話成為一種不加思索的人生流水線：「反正我書多讀就對了，讀久就會考得好。」「反正我多練就對了，練久就會變強！」「反正工作多做就對了，做久就會成功。」但真的是這樣嗎？

很多時候，你明明知道真正的問題在哪裡，但卻用假裝的勤奮，去掩蓋思考的怠惰。比方有些學生成績不見起色，問題明明出在讀書方法，考試答錯不願訂正、總是只讀自己熟悉的章節，那麼就算再怎麼勤奮，都彌補不了他視而不見的拙啊！同樣道理，有些人工作上好像很勤奮，但永遠都是做同樣的事，然後抱怨加薪升遷沒自己的份，當你用工作把時間都填滿，自然找不到成長的空間，看似勤快，但卻越勤越拙。

你說：「不然怎麼辦，我都勤奮了，不然要我發懶啥都不做嗎？」並不是，馬雲不也說了嗎，如果你想少做事，就要想出懶的方法。在我看來，**你要做的不是勤奮地通包，而是學會聰明地選擇。**跟你分享一個我很愛用的決策工具，叫做「PICK決策框架」，最初是由洛克希德．馬丁（Lockheed Martin）所研發，而我是在于為暢的《一人創富》接觸到這概念。簡單來說，你拿出一張紙，畫個十字，縱軸上寫「難度」，橫軸上寫「報酬」，這樣就會區分出四個象限，我們一個個來看。

第一個是「難度低，報酬低」，這樣的事如果你有時間，那麼「可以做」（Possible）；第二個是「難度低，報酬高」，這樣的事你當然要「優先做」（Implement）；第三個是「難度高，報酬高」，如果你願意接受挑戰，這種是當然「值得做」（Challenge）；第四個是「難度高，報酬低」，除非你時間太多，不然這種事當然「不要做」（Kill）。

要注意的事，這些事情並非在象限會永遠不動。像是對我而言，一開始接演講，需要花很多時間準備，而且也有壓力，因此這時演講邀約在「值得做」（Challenge）的象限。可是隨著我越講越有經驗，也累積豐富素材，那這時演講邀約就會來到「優先做」（Implement）的象限。而「PICK決策框架」也成為我後來決定一件事該不該做的重要依據。

勤奮絕對是件好事，但別勤奮到讓你無暇思考。**要讓思考脫穎而出的方式很簡單，你得發點懶，去想想怎麼省下時間和精力，卻能達到同樣、甚至更好的效果。**比起把時間填到密不透風的工作狂，我更嚮往是在工作和生活間游刃有餘的絕世高手。

有志的人這麼多，怎事成的人那麼少？

說個自己糗事讓你笑一笑吧！有次，我偶而間得知，《原子習慣》為什麼能這麼成功，原因是作者詹姆斯．克利爾長期經營電子報，奠定了廣大讀者基礎。要知道，社群平台都有自己的演算法，只要不符合規則，就會被降觸及。這也是為什麼你時常會看到有人哀嚎文章寫了半天，結果觸及低到嚇人。而電子報不一樣，只要有訂閱的讀者，就一定會收到你寫的文章，相較社群平台虛幻的追縱按讚數，電子報的訂閱數才是創作者的數位資產。

因此，詹姆斯．克利爾一向把電子報訂閱數當作他的「北極星指標」。所謂北極星指標，指的是一家企業裡，唯一重要的指標。套在我們個人，你可以想成是當前最重要的目標。那麼你猜猜看，詹姆斯．克利爾的電子報訂閱人數有多少呢？答案是：超過兩百萬人，而且還在持續增加中。

目標很大，行動力卻常常跟不上

我當時看到下巴掉下來，想說天哪，那我整天在臉書瞎耗幹嘛？趕快跟著來做電子報啊！所以興沖沖地申請了電子報帳號。我很有志氣，也不好高騖遠，先以五萬訂閱數為目標。通常電子報常見作法是一週寫一封，但我想說這樣太慢了，乾脆一週兩封比較快。一開始寫還充滿幹勁，跟讀者盡情分享我的生活和學習，但寫著寫著，我慢慢發現不妙，就是我的生活體驗速度，追不上我的寫信分享頻率。於是越寫越沒靈感，再加上一時之間，還看不到電子報帶來的效益，最後我就默默停更了……

對，人家是「有志者事竟成」。我志氣是拿出來了，但最後事呢，沒成。我知道善良如你，會拍拍我肩膀說：「歐陽，沒事，這事我也發生過。」可能本來立志要減肥，逼自己每天慢跑五公里，每次跑完都覺得虛脫了，但仍咬牙堅持了一陣子。最後覺得胖胖的其實也不錯，減肥什麼的，改天再說吧！又或者本來立志要學好英文，遇到外國人不想再落跑，要迎上前去侃侃而談；於是報名了英文會話課，用著破破的英文努力尬聊幾堂。最後覺得反正我又不住國外，英文要那麼好幹嘛？於是安心地窩回舒適圈。

難怪有句話說：「君子立恆志，小人恆立志。」意思也就是高手會訂一個長遠的志向，持之以恆去完成；而普通人則是動不動就換志向，永遠都處在立志狀態。但我想幫普通人說說話，**其實願意立定志向，就好過那些連志向都沒訂的人，不是嗎？**我們只是差在這個志向比想像的還要遙遠，甚至看不到盡頭，以至於不知道自己有沒有走在正確的方向，對吧！那麼，我們可以怎麼做呢？

年度目標常淪為口號，改成每日目標呢？

後來我接觸到了一個很有意思的概念，叫做「提高志向地圖解析度」。這個概念出自於韓國作家朱彥奎，他本來只是個普通上班族，後來搖身一變，成為百萬訂閱 YouTuber，也跨足經營網路商店和實體店鋪，成果都大放異彩。他把這一連串努力的過程，歸結成一套「超常規」理論，讓任何人都可以從平凡變不凡，而「提高志向地圖解析度」正是這套理論中的一個做法。

試想，有時候你查 Google 地圖，不確定自己有沒有走對，這時候你會怎麼做？是不是兩隻手指一拉，把地圖放大，對吧？因為只要地圖解析度一放大，你就可以清楚看到自己移動的路徑。同樣道理，我們在設定目標時，如果是以年為單位，像是「我今年一定要減肥」、「我這一年一定要學好英文」，這樣志向地圖解析度就太低，你無從確認自己進展。所以，你要把解析度調高，而調高的方法就是：**以一小時或一天為單位，將目標細分成各個階段，每隔一段時間，就確認自己是否在正確的道路上前進。**

朱彥奎以自己練游泳的經驗為例。他說一般人可能會樹立「要游得很快、很厲害」為目標，然後告訴自己每天要在游泳池練習五個小時。但問題是，練五個小時就真的有效嗎？這就跟有學生跟你抱怨，他假日都讀八個小時的書，怎麼成績還不見起色是一樣的，我不知道你這八小時是怎麼讀的啊？會不會是看書放空三小時？再邊讀邊打瞌睡兩小時？

所以，朱彥奎怎麼做？他制定小目標，然後定期確認是否實現。比方他練習游泳時，會計算揮動手臂的次數，以減少次數為目標。當手臂揮動次數減少之後，他便開始要求自己，也要能保持穩定的速度。而等到速度達標之後，他練習讓身體維持一直線，盡可能減少水的阻力。你看，這就是「提高志向地圖解析度」，直到你看得見自己每個行動在志向地圖裡起的作用。

「有志成，事竟成」這句格言畫了一個大餅給你，但沒告訴你的是，最後能成事的是少數。**我們所要做的，不是望著志向自嗨，而是務實地把志向解剖成小目標，然後一個個完成。**如果你問我，要再重啟電子報，這回我會怎麼做？很簡單，那就是不貪多躁進。首先，一個禮拜老實寫一封就好，字數不拘；其次，訂閱高手的電子報，學學他們怎麼經營；最後，把讀者當朋友，分享生活和所學，讓他們因我的電子報而受惠。嗯……我似乎嗅到「事成」的味道了！

我怕力求完美的人，因為不知他啥時才會完成

以前教過一個孩子，就稱他小谷吧！小谷非常有寫作天份，他的文字是你讀到會驚呼讚嘆的那種等級，海放同儕好幾條街。也因此，我常鼓勵小谷參加比賽，小型或大型文學獎都好，因為人生不是得到，就是學到。如果比賽有幸獲獎，得到獎勵和肯定，當然很好；如果比賽不幸落選，學到經驗和技術，也非常有意義。

小谷說好，他願意試試看，我當然很開心。不過，隨著比賽截稿日期接近，完全不見小谷的作品，我開始擔心起來。我找小谷來，問他寫作進

度如何，他跟我說有在寫了，但有些地方卡關，一直覺得寫不好。我說沒關係，覺得寫不好是正常的，但重點是要完成，別錯過截稿時間，小谷點點頭說知道了。

過了一陣子，我想起比賽的事，問小谷有順利參賽嗎？小谷搖搖頭，說錯過交稿時間了。我很訝異，想說之前不是有提醒他嗎？小谷還是那句老話，他希望寫出完美的作品，所以反覆思來想去、修修改改，最後文章始終沒寫完，當然也就錯過比賽時間了。

完美，是從一個個完成中產生的

我常在想，有多少像小谷一樣有天份和實力的人，卻因為完美主義作祟，而錯失一個又一個機會。他們可能不知道的是，**很多時候，比起力求完美，先求完成才是當務之急。沒有完成，何來完美？**

在《原子習慣》中，提到佛羅里達大學教授傑利．尤斯曼，曾經做過一個課堂實驗。他教攝影，然後把學生分成兩組：一組是「質組」，另一組是「量組」。被分成「質組」的學生，整學期只需要繳一張自認為拍得最好的照片，以此決定分數。而被分在「量組」的學生呢，是由繳交照片的數量來決定分數，交一百張就得A、九十張得B、而八十張得C，以此類推。最後結果你猜猜看，哪一組交上來的照片，水準比較高呢？

答案可能跌破你眼鏡，傑利．尤斯曼發現最好的照片，竟然幾乎出自「量組」。怎麼會這樣呢？因為「量組」的學生，不斷去拍照，嘗試不同構圖，在大量完成作品中精進技術。而「質組」的學生，因為只需要交最完美的照片，所以他們整天在想要怎麼拍，可是很少真的動手，最後就算拍出來了，也只是未經歷練實戰的普通照片。由此可知，**以完成為目標的實戰，勝過以完美為目標的空想。**

再舉個例子吧！知名的建築大師安藤忠雄，他是光影與清水模大師，人們讚譽他的設計宛如視覺化的俳句，沒有人會質疑他建築上的成就。但你以為他靠的是追求完美嗎？錯，安藤忠雄是徹頭徹尾的不完美主義者。他的建築思維是這樣的：與其追求完美的建築，不如放棄某些部分，集中強化他想要達成的目標。

像是多數建築師不愛用混擬土這種材料，因為美感有限。但安藤忠雄大膽採用，甚至用他設計出鼎鼎有名的「光之教堂」，驚艷世人。混擬土在安藤忠雄眼裡，雖然不完美，但他喜歡那種複雜的粗曠感。而光之教堂的建築設計，正是混擬土上的縫隙，使後牆暴露在外部環境中，卻能讓光線透入，形成十字狀的照明而走紅。

在一次次實戰中，才有機會修改錯誤

這裡值得思考的是，安藤忠雄為何能跳出完美框架，在不完美裡找出致勝之道呢？這跟他過去的經歷有關，你說，他過去不就是建築師嗎？不是的，在還沒成為建築師之前，安藤忠雄曾經是職業拳擊手。他在鍛鍊拳擊時，領悟到一個道理：「在拳擊的世界裡沒有完美，你一定會挨拳。」所以與其想著不要挨拳，不如做好挨拳的準備，要嘛防守、要嘛閃躲，然後抓住反擊的時機。

在拳場上的實戰經驗，帶給安藤忠雄日後建築設計的啟發；他曾經說過：「拳擊賽中，為了贏得比賽，你必須冒險步入險境；面對新建築也需要有同樣心態，大膽邁入未知領域很重要。」**而邁入未知領域，力求完美是行不通的，你必須先追求完成，才有機會反覆修改和驗證價值。**

身兼百萬 YouTuber 和韓國作家的朱彥奎在《超常規 SUPER NORMAL》裡有句話說的好，他說：「前往超常規的路上，不需要懶惰的完美主義者。」他總結自己不管是在經營頻道、實體店鋪、網路商城，都能創下佳績的關鍵方法，就是「快速嘗試、快速失敗、快速反應」。比方你想經營粉專，那就趕快開個粉專，然後開始發文創作；即便一開始可能沒啥人關注，甚至發現文章流量很差，沒關係，**快速失敗後，你才有機會快速做出反應**。也許是標題不夠吸引人、說教太多故事太少、又或者是主題大家沒共鳴。但這些，只有實際動手去做、而且完成了，你才看得到通往完美的路途中，自己還缺了什麼。

就像我寫每篇文章一樣，包含你看到的這篇。我都是秉持著先把他寫出來，再回頭反覆多讀幾次，然後慢慢把文章修到好。**完美是標竿，卻也是拖延的藉口，我們無法確定是自己高標，還是純粹懶惰**。但你可以確定的是，連完成都做不到，哪還有臉談完美啊！放下完美的包袱，不斷朝完成前進，久而久之你會發現，自己莫名其妙成為別人眼裡的完美高手。

任何事情上癮都很可怕，尤其是成功

根據我的觀察，你知道市面上賣得最好的兩種書是什麼嗎？一種是教你如何「成功」，因為沒有人不想要成功；另一種是教你如何「投資」，因為沒有人不想變有錢。投資還需要一點機運，不是你喊漲就漲；但成功彷彿有公式，好像你只要這麼做，就會比別人更成功。但我發現很少人去思考：成功了，然後呢？你真的從此就幸福快樂了嗎？

達爾文（Charles Robert Darwin）你知道吧？他二十二歲時搭上小獵犬號，到世界各地探勘研究，採集動植物標本，很快闖出名號；二十七歲返國後，達爾文提出「天擇說」，震撼世人，奠定他在生物學的不朽地位。此後他著書立作，到處發表，身價水漲船高，沒有人會質疑他的成功。甚至他還寫出曠世巨著《物種原始》（*On the Origin of Species*），來到人生巔峰。明明達爾文接連成功，但他卻越活越不快樂。為什麼？

因為他被成功沖昏頭，好像上癮一樣，不斷想著要提出更厲害的學說、更驚豔的洞見。但好像感受到自己的極限，再也無法突破。那使達爾文感到沮喪，他感慨地說：「我擁有理應會讓人快樂與滿足的一切事物，但我實際上感到人生萬分疲憊。」

讓人無比喜悅，卻也無比焦慮

你能體會達爾文的這種感覺嗎？其實我能。在我剛成為作家、開始寫書時，那時因為在臉書上寫紅幾篇教育文章，所以當新書上市時，造成不小的轟動。我永遠記得，那時辦在金石堂的《飄移的起跑線》新書分享會，現場擠得水洩不通，座位不夠坐，不少讀者是站在後面，踮起腳尖、伸長脖子聽講的，那是我第一次感受到出書暢銷的成功滋味。

很快地，各家出版社邀約接連上門，我振筆疾書，一本接一本寫。我下一本書《故事學》如期問世，其中一場新書分享會辦在台中圖書館，上百人的演講廳座無虛席，有些讀者甚至席地而坐。我是那種人越多，講得越起勁的人，宛如演唱會現場，我故事連發、金句狂出，就是想滿足大家的聽講味蕾。演講結束後的簽書會，我還記得，現場大排長龍，我簽了一個多小時才簽完。那一刻，我覺得自己是成功的作家。

但這種興奮感持續沒幾天，我就想著下一本書要更成功，我繼續瘋狂地寫，不久後又寫出一本新書。讀者也很支持，但卻沒有過去的那種空前盛況。那時我內心浮現好多問號：「是我寫不好嗎？」「是書的主題大家不感興趣嗎？」「還是我，過氣了？」寫作曾是我的快樂，但那一刻，他卻成了我的沮喪來源。為什麼呢？**問題不是出在寫作，而是我對成功上癮了，必須接連不斷地成功，不然就會覺得自己不夠好。**但，那是我們的初衷嗎？

追逐成功，反而讓你感到失敗

哲學家叔本華曾說過：「財富就像海水，喝得越多，就越渴，名氣也是一樣。」套用在「成功」更是如此。哈佛教授亞瑟・布魯克斯（Arthur C. Brooks）在《重啟人生》（*From Strength to Strength: Finding Success, Happiness, and Deep Purpose in the Second Half of Life*）提到：「要戒掉渴望成功的癮。」**不是要你事事擺爛，而是別把成功當作人生的唯一動力。**布魯克斯教授說：「成功帶來的興奮感只會持續一兩天，接著就得等下一次成功。因此，對成功上癮的人，永遠不會『夠成功』。」因為成功是比較出來的，你會跟「過去的自己」比，過去的我做得到，那憑什麼現在的我做不到？你還會跟「別人」比，他得獎、升遷、暢銷、賣座，我怎麼能輸給他？

就這樣，你在名為成功的慾望跑步機跑個不停，還越調越快；但問題是，跑步機是沒有終點的，你只是在原地踏步罷了。**成功上癮最可怕的是，讓你必須不斷獲得成功的喜悅，才能避免自己感到像個失敗者。**

那麼，我們該怎麼覺察自己是否成功上癮呢？布魯克斯教授要你問自己三個問題，只要符合其中一個，你就該警覺了。來，這三個問題你試著問自己看看：

（1）你是否在工作之餘，沒力氣陪伴親友？

（2）你是否會偷偷工作，例如趁家人睡覺，立刻開始工作。

（3）如果有人建議你休息一下，和親友從事活動，你是否不悅？

不誇張，以前的我，三個都中。還會覺得自己那麼拚，就是為了要帶給家人幸福啊！但後來才發現這都是藉口，充其量，我只是想滿足那份人家覺得我很成功的喜悅感。從此之後，我工作都在白天完成，晚上不工作，睡前說故事給孩子聽，然後跟他們一起幸福入睡；假日也不工作，如果真要做，那就趁孩子還在睡，一早起來做完，然後開心地帶他們出去玩。

我得坦承，這樣做，的確相較幾年前在檯面上的風光亮眼，顯得黯淡些。但神奇的是，幸福感卻是與日俱增。我戒斷對成功的癮，又或者說，我偷改了對成功的定義。出書大賣，是寫作上的成功；演講叫座，是工作上的成功；孩子黏我、愛我，是家庭上的成功。話說如此，那也就夠了，

我們不必遙望下一個山頭，因為此刻的自己，就已經是最好的模樣。

為什麼你該想的是「高徒出名師」？

我有位朋友叫愛瑞克，他的人生堪稱傳奇。愛瑞克在金融業工作，對於金融投資非常有研究，常受邀到各大機構演講，甚至和朋友創辦了金融商管知識交流平台TMBA；他以筆名安納金，寫了很多投資理財的書，本本暢銷。

不過就在前幾年，他果斷從金融業辭職了，為什麼呢？因為他深刻體悟「內在原力」的重要，簡單來說，每個人在潛意識中都有與人連結的需求、對歸屬感的渴望，但必須透過喚醒的方式，才能夠從潛意識層拉升至意識層，而採取行動。而愛瑞克想做的事，就是幫助更多人改寫人生演算法，把內在原力發揮到最大。

辭職後，他專心投入演講寫作和閱讀推廣，寫出《內在原力》這本現象級的神作，顛覆了許多讀者的人生觀。像是書裡提到人要有「三種工作」，分別是有收入的工作、無償的工作、以及自我實現的工作；還有告訴你要「站對地方」，善用網路節點來擴大影響力。每當我遇到一些過不去的人生困局，再翻翻愛瑞克的書，就會看見從困局裂痕裡透進來的光。

有次我讀愛瑞克的《內在成就》，看到他提出一個很有意思的觀點，愛瑞克認為「不要老想著名師出高徒，你要想的是『高徒出名師』」，怎麼說呢？名師出高徒基本上是一個結果論，正因為這老師有名，所以自然能得天下英才而教育之，因此出高徒的機率當然高。但你仔細想想，這句話對你有什麼幫助呢？除了可以用來學校或補習班招生，我還真想不到其他用途。

和高徒一起留名的一代宗師們

但如果你反過來想的是「高徒出名師」，那就完全不一樣了。歷史上高徒出名師例子還真不少，愛瑞克在書裡舉了兩個：

第一個是諾貝爾物理學獎的得主費曼（Richard Phillips Feynman），他在物理學的貢獻巨大，像是提出量子電動力學中的費曼圖方法與重整化，還有路徑積分、液態氦理論等，甚至在學習方法上，他也提出了獨到洞見，而最有名的就是「費曼學習法」，什麼意思呢？費曼說：「當你要學習一門新知識時，要假設有個外行人在你面前，你必須用對方能理解的語言，把學到的知識教會他。」這也就是為什麼把別人教會是最有效的學習方式。回過頭來說，費曼的老師是誰呢？答案是約翰．惠勒（John Archibald Wheeler），他沒有費曼那麼高的學術成就，但卻指導出無數個像是費曼這樣的頂尖學者，成為一代宗師。

第二個是哲學家柏拉圖（Plátōn），他對宇宙創生、理想世界、甚至是愛情的本質，都有非常深刻的哲理思辨。他還創辦了「柏拉圖學院」，可說是西方哲學的奠基者。那麼你知道柏拉圖的老師是誰嗎？答案是蘇格拉底（Socrates），我相信你一定聽過他。不過你知道為什麼蘇格拉底會這麼有名嗎？其實是拜他的高徒柏拉圖之賜，因為柏拉圖的著作都是對話形式的紀錄，像是《柏拉圖對話錄》，而他的老師蘇格拉底，就是裡頭的座上賓，最常出現和說話。也正因為如此，蘇格拉底的思想才能不斷傳承下來。

那麼，我們要怎麼運用「高徒出名師」的思維呢？很簡單，**你可以從分享專業開始，慢慢開班授課，別藏私，把會的一切教給學員，自然就會吸引高徒登門。**

互相成就彼此的善循環

回想起我當初因為長期寫文，寫出些心得後，突然有個想跟大家分享的念頭。所以我先是在臉書上，開始寫一系列的「爆文寫作」教學文章，像是教大家怎麼把故事寫的有趣？如何讓文章更口語化？如何寫好一個段落？當時還真沒想太多，就只是想把喜歡且擅長的專業跟大家分享。結果寫著寫著，有不少讀者感興趣，問我有沒有開班，他想學，所以後來我跟生鮮時書團隊合作，開設爆文寫作的實體班。

本來我有點擔心，怕人數不夠開不成，結果你知道嗎？當課程開放報名沒多久，第一期就滿班了。至今我還很難理解為什麼？如果硬要解釋的話，可能是我累積了不少作品，以及分享寫作技巧，讓讀者受惠，所以他們想來課堂上跟我學習吧！

為了讓學員有最大的收穫，我幾乎不眠不休備課，除了理論的建構，還有實作的設計，以及互動方式。結果第一期大獲好評，緊接著就迎來第二期、第三期……陸續在全台開設了十幾期的實體班。直到疫情之後，我才把「爆文寫作課」轉為線上課，讓學員能不受時間和地點的限制，隨時學習寫作的方法。

有趣的是，其中幾期，我在課前看到幾位學員的名字，都會驚呼：「他不是已經出書的作家嗎？怎麼還跑來上我的課？」像是諮商心理師陳志恆老師、文學獎的常勝軍林佳樺老師、甚至是開頭提到的暢銷作家愛瑞克，他們都出現在我的課堂上。

我本來擔心自己的教學內容，對他們來說會不會太淺？但後來我發現，**高手之所以為高手，就在於他們不會給自己設限，像一塊海綿般，不斷的吸收各家之長。**這些高手，他們是課堂裡最認真的學員，回去之後還跟大家大力推薦我的課程。這也就是為什麼後來爆文寫作課班班爆滿，甚至變成線上課後，購課人數還突破四千人的原因。因為「高徒出名師」，我何其幸運，能在茫茫人海中遇見高徒，成全了我的一方天地。

動身吧，你不用是名師，只要有份專業，以及熱切分享的心，遲早會在偌大世間遇見你的高徒，你用心幫助他們，他們也會熱切成就你，我再也想不出比這更美的佳話了。

為什麼你該想的是「高徒出名師」？

當你不藏私地分享專業，自然就會吸引已經是高手的高徒登門。這些高手不會自我設限，吸收各家之長，不僅是最認真的學員，也會是最好的推薦人。

有一件事越努力，越有可能失敗

成家立業後，你慢慢感受到現實的壓力，即便工作已經很努力了，但薪水一進帳，馬上八方離去：房貸、卡債、水電費、孩子的學費……然後你慢慢意識到理財投資的重要。因為如果只是傻傻把錢存在銀行，得到的利息遠遠比不上通貨膨脹的速度，通貨膨脹會降低你的實質購買力，也就是說，你的錢會越存越薄。

那該怎麼辦才好？這時你把眼光投向股票。因為你聽說，在眾多金融商品中，股票是獲利高、現金流動也快的好資產。但你內心也在掙扎，因為大伯曾耳提面命告誡過：「千萬別碰股票，因為那根本是在賭博！」但也想起同事雀躍地邀你吃飯：「走，今天午餐我請你，我股票剛賺了六位數！」有人因股票傾家蕩產，也有人因股票一夕致富。到底造成這樣的天差地遠的決定關鍵是什麼？你不斷沉思著。

「有了，是努力。」於是你把市面上有關股票的書全買齊了，努力認真閱讀，你學會了怎麼判斷籌碼、怎麼看線圖、怎麼看公司財報；你也積極到處上課，加入股票社團，看那些老師是怎麼選股的，當然如果能從老師口中得到幾支明牌，那更是好不過了。就這樣，你從原先的股票小白，變成躍躍欲試的投資人。

你開始努力選股，用盡學到的一切知識，挑出一些別人沒發現的標的，結果還真的漲了，你賺了一筆，告訴自己：「這就是實力！」不過沒有天天過年的，後來你看走眼幾支標的，賠了不少，你心裡難受，但隨即告訴自己：「沒辦法，運氣不站在我這邊。」你更努力研究股票，鑽研如何挑出飆股，深信努力不會背叛你。最後，你跟九十九%的短線投資人一樣，忙了半天，卻以賠錢作收，甚至從股票市場畢業，發誓再也不碰股票。

問題出在哪裡？問題就出在：「投資這件事，越努力，越有可能失敗。」相信你一定覺得很納悶，怎麼可能呢？

與其相信運氣，不如相信大盤

政大的周冠男教授長期研究財務金融和股票投資，他從大量的研究證據指出：「短期個股的股價波動，接近『隨機漫步』，根本無法預測。」因此單押個股，風險是非常高的。從另一個角度來看，個股意味著一間間的公司，可是你知道嗎？根據統計，每十年左右，有五十%的公司會消失。你投入的股票，會成為飆股還是壁紙？沒人知道。

當然，短線交易還是有人會賺錢，但九十九%都是賠錢作收。為什麼？因為短線交易是一場「零和賽局」，也就是有人賺錢，就一定有人賠錢。那什麼樣的人會賺錢呢？就是那些有分析能力、交易工具和及時資訊的專業投資人，相較我們一般散戶，是不可能贏過他們的。

但問題出在當你稍微努力過後，會產生一種「過度自信」的行為偏誤，覺得自己有花時間做過研究，怎麼樣都好過那些沒做功課的韭菜。但一來，短期個股波動是隨機漫步，就算你買的股票真的漲了，那也可能只是運氣，但你卻誤認為是實力；二來，你真正的對手是那些分析和情報，都遠多過你的專業投資人。要與天爭勝不是不可能，但真的有必要嗎？回到初衷，我們所要的，不就只是能讓生活游刃有餘的投資嗎？

努力，就用在工作和專業上吧！

既然投資這件事，越努力越可能失敗，難道只能耍廢躺平嗎？對，還真的是這樣。周冠男教授在《長期買進》給出的投資方法就是：**「躺在指數的道路上耍廢。」**什麼意思呢？他在做研究的過程，從理性學派得出的最佳投資決策就是「分散投資」並「長期持有」。你不需要整天忙於看盤和選股，只要買進追蹤市場指數的ETF就可以達到分散投資的效果，因為ETF本身就是買進一籃子各類型的股票，並把投資標的分散在不同產業和市值的股票。

給你一個數據吧！冠男教授持續二十年買進追蹤市場指數的ETF「0050」，總報酬率是五百五十％，年平均報酬率是九．八％。當然，你可能會說這樣還好吧？我看有些高手報酬率隨隨便便都是二十％、三十％起跳啊！對，問題在於，短線交易有可能每天都是這個績效嗎？再來，你殺進殺出，其實都要交易成本的。根據統計，散戶過於積極下單導致的損失，手續費占三四．二二％，證券交易稅占三四．一二％。倒不如你就懶散地買進指數ETF，閒錢多的，就單筆投入；閒錢少的，就定期定額，然後坐享跟著市場一起成長獲利的快感。

當然，前提是，你要抱得住，不要一點風吹草動就聞風色變，倉皇賣掉；也不要一點蠅頭小利就趨之若鶩，獲利了結。除非是你真的需要大筆資金，像是買車、買房等，再從股市裡提錢。

人生很有趣，**大多事情你努力都會有成效，但唯獨投資不是**，越努力越容易掉進行為偏誤裡。所以我們要在正確的方向上努力，「工作」要努力打拚，不然你哪來的錢投資？「專業」要努力精進，不然你怎麼加薪或創業？「運動」要努力執行，不然你哪有福分享受人生？反倒是「投資」，我們一般小小散戶，真的別太努力，如同冠男教授的建議，躺在指數的道路上耍廢，長期買進，就勝過一堆努力殺進殺出的人了，這不是很好嗎？

沒有科系會讓你喝西北風，除非你的興趣就是喝西北風

幾年前，網路上掀起一波論戰。自稱知名大學會計系的學生，在網路上嗆歷史系的學生：「唉，這世界有兩種人，一種是可以被維基百科取代的人，例如你；一種是維基百科取代不了的人，例如我。」還沒完，他接著說：「我真不知道為什麼有人會去讀歷史系，你填志願的時候家裡沒網路是嗎？這種毫無前途的失業科系根本社會上的定時炸彈，因為培養一堆失業專家學了一堆毫無用處的東西。」

此舉一出，瞬間引爆各方網友參戰，反嗆會計系學生：「歷史系維

基可以取代？難道你以為維基是機器寫的嗎？」「戰文組，還戰家裡沒網路的家庭，甚至連無家遊民也要攻擊。」甚至也有自稱歷史系的校友留言說：「我比較不才，當個公務員科長；我們同班最有才的在當KKBox副總，還有在當精品品牌的老闆，他們二位應該都需要會計員工。其實我們班和下二屆從歷史系畢業還有二位律師，至於在當教授的就不贅述了。」

其實，科系之間的鄙視鏈一直都存在著，有些就是世俗眼裡的熱門科系，畢業出來各大公司搶著要；有些就是世人心裡的冷門科系，畢業出來等著喝西北風。這也在所難免，根據《遠見》和104人力銀行在二〇二〇年合作的調查研究顯示，不同科系學群，平均的起薪待遇也大不同：以碩士畢業來說，工程學群平均月薪達四萬六、數理化學群是四萬四、資訊學群是四萬三，而文史哲學群只有三萬四，是所有學群裡平均起薪最低的。我看到時真的都快哭出來了，因為我是從國文系畢業的，就是文史學群裡的一份子啊！

回想當時讀國文系的時光，開心的事不少，但被看衰的日子也沒少過。尤其我又是男生，以前高中還讀過三類組，放著熱門的理工科系不讀，跑去讀國文系，不知道在想什麼。也不是我不讀，就是數學、物理、化學什麼的，我真的就是讀不來啊！那時看著以前的同學，紛紛考進一流大學的熱門科系，壓力特別大，時不時被拿來比較不說，連我都覺得自己似乎前途茫茫。

每個人的價值，由自己來定

但後來我意識到一件事，所謂的平均起薪，那是基於「受薪思維」啊！就是公司根據你的專業和對公司的價值，值得花多少薪水買斷你的時間。**薪水意味著員工此刻的天花板，但如果我跳脫受薪思維，轉向接案和創業的賽道呢？**薪水的天花板對我還有意義嗎？又或者原先的天花板，對我而言，只是地板呢？

我還真的捲起袖子去試了。一方面，我在學校當老師，有穩定的薪水；但另一方面，我用接案創業的心態，測試自己的能耐；用下了班和假日的時間，開始努力的寫作出書，到處接演講，開設工作坊。你可能很難想像那是怎麼樣的日子，**想要破圈而出是有代價的，而我願意付出代價，搏一個未來的可能性。**我幾乎沒日沒夜的工作，好在當時年輕，也還沒孩子，身體扛得住。最後還真被我拓出一條路了，我發現國文系的覺醒技能，就是「精準表達」，不只可以用來教國文，還可以用來社群行銷、群眾演講、開班授課、製作節目等。

於是，我決定辭去教職，當起人生有限公司的CEO，展開自雇人生。我沒有喝西北風，生活過得還算充裕。更重要的是，我不必加班熬夜、喝酒應酬。現在的我，一早送老婆孩子分別去工作上學後，回到家把列出一天的代辦清單，一個個做完槓掉後，下午我就去健身或打拳擊，累積健康資本。到了晚上，我完全放鬆，跟老婆聊天談心，陪孩子玩玩具、讀繪本。這樣夢幻的人生，是我從沒想過的，但我花了十年的努力，好不容易拼出他的全貌。

你的所學專業，如何巧妙地回應大眾的需求？

我又想起，有次在「Life 不下課」訪問知名KOL綠君麻麻，她也是中文系畢業，當初也擔心沒出路而修了教育學程。結果實習之後，她發現自己完全不適合當老師。所以畢業後，綠君麻麻先到公司從事社群行銷的工作，操盤公司社群網站。她告訴我，這行可不像一般人想像的輕鬆發發文就好，為了達到最好的成效，她要求自己和團隊列出一百道題，關於這個領域大家最關心在乎的事。然後去蒐集資料，打磨文字，用最通俗的語言，傳遞讀者最感興趣的事。

後來綠君麻麻有了兩個孩子，離開職場後，她在想除了育兒外，還可以做些什麼呢？突然，過去經歷的種種在她腦海裡，全部串連起來。她在臉書開了粉專，取名為「Lijune 綠君麻麻」，分享她的親子生活，以及有趣的古文故事。她可以談白居易的初戀如何影響他的詩歌創作，再聊到後來他培養一群歌妓，有一批專屬的樂天女孩；筆鋒一轉，帶出樂天是日本公司，除了是職棒桃猿隊的母公司外，「樂天」一詞，不僅是白居易的字號，更是他對日本文化的深刻陶冶。原先大家覺得無趣的古文詩詞，被綠君麻麻重新詮釋，接軌現代後，頓時變得妙趣橫生。也正因為如此，短短兩年內，她粉絲人數暴增，文章動輒破千破萬讚起跳。現在的她，是知名KOL，也是暢銷作家和熱門團購主。

我想說的是，沒有科系會讓你喝西北風，除非你自己愛喝。**別讓世俗根據科系，就草率定義你的未來**。你的未來絕對不只如此，用專業和創意讓那些看輕你的人，看看你科系的正確使用說明書吧！

你的身價，從懂得拒絕後起飛

前陣子，齊柏林的兒子齊廷洹受邀到公家單位演講，演講到一半，竟然收到承辦人傳來的line訊息，上面寫著「齊柏林導演的兒子三十歲／靠老爸的餘蔭就能吃一輩子」，他當場愣住，回了個問號，對方馬上把訊息收回。原來，是承辦人誤把要傳給別人的訊息，不小心傳給了講者。但是傷害已經造成，面對這樣的羞辱，齊廷洹選擇退還演講費，直接離場。這件事一傳開，立刻引發軒然大波。

我是講師，也常到各地演講，身邊有許多講師朋友，因為這件事而有感而發，紛紛聊起自己遇到的演講邀約鬼故事。麗美說曾有個單位邀請她去授課，打著公益的名號，說為了要幫助更多人什麼的，結果竟然要她無償分享，連交通費都沒有。麗美傻眼，心想所以為成全公益的美名，我就該付出時間心力響應嗎？

另一位朋友建廷說他遇過更誇張的，就是有單位找他去演講，開放聽眾報名，結果演講前一天告訴他，因為報名人數不足所以活動取消。建廷簡直暈倒，時間都空下來給你了，也花心力準備了，結果說取消就取消，把講師的付出當什麼啊？而國弘接力說了另一個鬼故事，明明事前跟主辦單位說需要投影設備，就這麼神奇，演講當天來到現場，投影設備竟然故障了。於是承辦人要他乾脆直接講，就不要用簡報了。國弘抓狂，把設備準備好很難嗎？為什麼你們的失誤，卻要我來承擔。

專業的背後，是看不見的時間成本

當然，誠心邀約並細心接待的單位也很多，只不過樹大必有枯枝。講師跑演講多了，會遇到光怪陸離的邀約也是自然。還記得我剛開始接演講時，幾乎來者不拒，因為對我而言都是機會。公家機關的演講公定價是一小時兩千元，看在一般人眼裡，可能會覺得很多，畢竟基本工資時薪兩百不到，演講費是這個的十倍！這也難怪齊廷洹事件的承辦人會覺得他靠老爸餘蔭。

但事實根本不是這樣，你不能單看演講鐘點費，還必須把所有的時間成本算進去：備課的時間、通勤的時間等。比方如果我從台北到高雄演講，幾乎一天的時間就沒了。所以會願意接公家機關演講的講師，要嘛就是事業剛起步，需要衝刺；要嘛就是有想分享的理念，可以不計成本。靠演講致富？你可能想太多了。

隨著行事曆被密密麻麻的演講邀約填滿，我有一種自己感覺很熱門的虛榮心。但慢慢我發現不對，因為隨之而來的演講邀約開始良莠不齊，有的來訊問：「歐陽老師，下下週原訂的講師突然有事不能來，你能來代講嗎？」「歐陽老師，下禮拜三下午你有空嗎？可以來我們學校演講嗎？」「歐陽老師，我有看過你寫的書，你可以來演講嗎？但是我們沒有預算。」我相信他們沒有惡意，只是可能我在他們眼裡比較閒，可以隨傳隨到。

一開始我還真的接了幾場，但後來發現這種演講品質普遍很差，可能因為你太好約，承辦人不需花什麼心思。所以等到你來到現場，要嘛聽眾小貓兩三隻、要嘛聽眾臨時被抓來湊數、要嘛就是為了核銷經費。因此講者有心、聽者無意是很常見的狀態。

你的專業必須等待，必須有價

我想起蔡康永在《你願意，人生就會值得》裡寫到：「有句話形容人『拒人於千里之外』。**一開始就「千里之外」太猛烈了，好歹從『拒人於一尺之外』開始。你的收穫將會是：別人不再把你當成理所當然。**」這裡講的是人際關係，蔡康永給了一個很好的方法，那就是：別人提問時，放慢你回答的速度。他說：「變慢是訓練自己在這幾秒當中，思考對方提出的要求意味著什麼？是真正需要你、還是其實找誰都行、找你就是圖個方便、還是欠過這人的人情，這時來要你還了？」這樣的放慢，無形中會讓你的身價提高，為什麼？**因為需要等的，一定比較值錢**。

放慢是如此，拒絕也是如此。當你不懂得適時拒絕，有求必應，久而久之，別人就會覺得你很好約，你的時間自然就廉價了。理解這個道理後，我開始做一件事：用調高演講鐘點來婉拒演講邀約。一開始會有點不好意思，想說這樣會不會很市儈；也有點擔心，會不會價碼變高後，以後沒人找我演講。不過事實證明，這些擔憂都是多餘的。

先說調高價碼這件事，物價都會因為通膨而漲價了，你的專業也是不斷精進，沒有理由不跟著調漲吧！如果真的不漲，要嘛你佛心，要嘛你能力在原地踏步。再說調高價碼後會不會沒人找這件事，我的經驗是，一定有些單位會因此打退堂鼓，但只要你開價合理，還是會有不少單位接受你的條件。而且很神奇的是，去這些單位演講往往品質更好。不管是承辦人的態度，以及聽眾的動機，或是設備的狀況都超乎想像地好。為什麼會這樣？我推究當你懂得抬高自己身價，別人會跟著提高看待你的價值。他們可能心想，我都花這麼多錢邀請大咖來了，能不把場地喬好嗎？能不讓聽眾先做功課嗎？能不把設備全搞定嗎？

因此，當你察覺自己疲於奔命時，有的忙固然值得開心，但也要適時警惕自己時間是不是太廉價了。不要人家有問必答，放慢你回答的速度；

不要人家有約就赴，適度拒絕別人的邀請。讓你的時間解放出來，你會發現自己的身價，竟然在懂得拒絕之後，開始起飛！

你的身價，從懂得拒絕後起飛

有人以為可以靠演講致富？真的想太多了。當你有求必應、有約就赴，時間自然就廉價，當懂得「拒人於一尺之外」，你的收穫便是「別人不再把你視為理所當然」。

富能量 126

人生沒有理所當然

沒有「應該要」，只有「你想要」！
練就跳脫框架、突破自我設限的全方位思考方式

作　　者：歐陽立中
責任編輯：賴秉薇
校　　對：詹嘉芸
封面攝影：璞真奕睿影像
人物梳化：湯晏寧
封面設計：許晉維
內文設計、排版：王氏研創藝術有限公司

總 編 輯：林麗文
主　　編：高佩琳、賴秉薇、蕭歆儀、林宥彤
執行編輯：林靜莉
行銷總監：祝子慧
行銷經理：林彥伶

出　　版：幸福文化／遠足文化事業股份有限公司
地　　址：231 新北市新店區民權路 108-3 號 8 樓
粉 絲 團：https://www.facebook.com/happinessnbooks
電　　話：(02) 2218-1417
傳　　真：(02) 2218-8057

發　　行：遠足文化事業股份有限公司（讀書共和國出版集團）
地　　址：231 新北市新店區民權路 108-2 號 9 樓
電　　話：(02) 2218-1417
傳　　真：(02) 2218-8057
電　　郵：service@bookrep.com.tw
郵撥帳號：19504465
客服電話：0800-221-029
網　　址：www.bookrep.com.tw
法律顧問：華洋法律事務所蘇文生律師
印　　製：呈靖彩藝有限公司

初版一刷：2025 年 2 月
定　　價：380 元
I S B N：978-626-7532-78-2 (平裝)

國家圖書館出版品預行編目 (CIP) 資料

人生沒有理所當然：沒有「應該要」，只有「你想要」！練就跳脫框架、突破自我設限的全方位思考方式 / 歐陽立中著 . -- 初版 . -- 新北市：幸福文化出版：遠足文化事業股份有限公司發行，2025.02
面；　公分
ISBN 978-626-7532-78-2(平裝)

1.CST: 自我實現 2.CST: 生活指導 3.CST: 成功法

177.2　　113019783

讀者回函卡

感謝您購買本公司出版的書籍，您的建議就是幸福文化前進的原動力。請撥冗填寫此卡，我們將不定期提供您最新的出版訊息與優惠活動。您的支持與鼓勵，將使我們更加努力製作出更好的作品。

讀者資料

●姓名：＿＿＿＿＿＿＿＿ ● 性別：□男 □女 ●出生年月日：民國＿＿年＿＿月＿＿日

●E-mail：＿＿＿＿＿＿＿＿＿＿＿＿＿＿＿＿＿＿＿＿

●地址：□□□□□ ＿＿＿＿＿＿＿＿＿＿＿＿＿＿＿＿＿＿＿＿

●電話：＿＿＿＿＿＿＿＿ 手機：＿＿＿＿＿＿＿＿ 傳真：＿＿＿＿＿＿＿＿

●職業：
□學生 □生產、製造 □金融、商業 □傳播、廣告
□軍人、公務 □教育、文化 □旅遊、運輸 □醫療、保健
□仲介、服務 □自由、家管 □其他

購書資料

1. 您如何購買本書？□一般書店（　　縣市　　　書店）
□網路書店（　　　　書店）　□量販店　□郵購　□其他
2. 您從何處知道本書？□一般書店　□網路書店（　　　　書店）　□量販店　□報紙
□廣播　□電視　□朋友推薦　□其他
3. 您購買本書的原因？□喜歡作者　□對內容感興趣　□工作需要　□其他
4. 您對本書的評價：（請填代號 1. 非常滿意　2. 滿意　3. 尚可　4. 待改進）
□定價　□內容　□版面編排　□印刷　□整體評價
5. 您的閱讀習慣：□生活風格　□休閒旅遊　□健康醫療　□美容造型　□兩性
□文史哲　□藝術　□百科　□圖鑑　□其他
6. 您是否願意加入幸福文化 Facebook：□是　□否
7. 您最喜歡作者在本書中的哪一個單元：＿＿＿＿＿＿＿＿＿＿＿＿
8. 您對本書或本公司的建議：＿＿＿＿＿＿＿＿＿＿＿＿

請沿虛線剪下，黏貼好後，直接投入郵筒寄回

廣 告 回 信
臺灣北區郵政管理局登記證
第 1 4 4 3 7 號

請直接投郵，郵資由本公司負擔

23141

新北市新店區民權路 **108-3** 號 **8** 樓

遠足文化事業股份有限公司　收

人生沒有理所當然

歐陽立中◎著

幸福文化　書名　人生沒有理所當然　富能量 126